大夏书系·檀传宝文丛

# 为幸福而教
—— 教育长短论

檀传宝 著

华东师范大学出版社

图书在版编目（CIP）数据

为幸福而教：教育长短论 / 檀传宝著. —上海：华东师范大学出版社，2015.1
ISBN 978-7-5675-2971-7

Ⅰ.① 为... Ⅱ.① 檀... Ⅲ.① 教育工作—研究 Ⅳ.① G4
中国版本图书馆 CIP 数据核字（2015）第 012966 号

大夏书系·檀传宝文丛

## 为幸福而教
### ——教育长短论

| | |
|---|---|
| 著　　者 | 檀传宝 |
| 策划编辑 | 李永梅 |
| 审读编辑 | 张思扬 |
| 封面设计 | 奇文云海·设计顾问 |

| | |
|---|---|
| 出版发行 | 华东师范大学出版社 |
| 社　　址 | 上海市中山北路 3663 号　邮编　200062 |
| 网　　址 | www.ecnupress.com.cn |
| 电　　话 | 021-60821666　行政传真　021-62572105 |
| 客服电话 | 021-62865537 |
| 邮购电话 | 021-62869887　地址　上海市中山北路 3663 号华东师范大学校内先锋路口 |
| 网　　店 | http://hdsdcbs.tmall.com |

| | |
|---|---|
| 印 刷 者 | 北京密兴印刷有限公司 |
| 开　　本 | 700×1000　16 开 |
| 插　　页 | 1 |
| 印　　张 | 13.5 |
| 字　　数 | 187 千字 |
| 版　　次 | 2015 年 6 月第一版 |
| 印　　次 | 2015 年 6 月第一次 |
| 印　　数 | 6 100 |
| 书　　号 | ISBN 978-7-5675-2971-7 / G·7872 |
| 定　　价 | 35.00 元 |

| | |
|---|---|
| 出版人 | 王　焰 |

（如发现本版图书有印订质量问题，请寄回本社市场部调换或电话 021-62865537 联系）

# 自　序

本书的主书名我斟酌再三，最终取名"为幸福而教"，主要是因为我的一个重要判断是：教育最重要的宗旨在于帮助所有教育当事人追寻其"真正的幸福"。这也是本书开篇即收录《合乎道德的教育与真正幸福的追寻》一文（另外还收有《为幸福而教》一篇）的原因。

所谓让"所有教育当事人"幸福，最重要的当然是让学生的学习生活幸福。但我一直以为，教师的幸福追求也是教育实践最重要的目的及本体性追求之一。

"在我看来，教师是最有可能获得最幸福人生的人类。""但另外一方面，'可能'并非'现实'。许多教师虽然面临获得最幸福人生的可能性，但仍然可能与幸福生活失之交臂。这也是许多教师常常自感职业倦怠、人生惨淡的症结所在。在日常教育生活里，是翱翔于幸福的天堂抑或挣扎于悲苦的地狱，完全取决于为师者自身是否具备配享幸福的主体素养。""做一个幸福的教师，其实只是要求我们努力做一个伟大的教师并享受作为伟大教师的喜悦而已！"这是笔者应《人民教育》杂志之邀，为该杂志2014年9月刊（第17期，教师节30周年纪念专刊）所写社评里的一些文字，也是我愿意以自己的这些"小确幸"（村上春树语，微小而确定的幸福）式的学习体会与同行们作心灵交流的最重要的理由。

本书既是一个教育行者最近十余年牵挂中国教育心路历程的真实写照，也是一个教育学者信马由缰、仰望星空之教育遐思的荟萃。

因为文体随意，文集的副书名取名也颇费了一番心思。曾想以"教育危言"为名结集。但自觉一些文字虽是危言，却未必耸人听闻、哗众取宠。又曾想以"教育微言"为名，图以表征某些个人教育思考的细密风格。然"微言大义"，乃是一种学问、人生及其表达的极高境界。我等凡夫俗子，恐怕唯有"心向往之"的情怀。换言之，拙作之"微言"，可能只可做"人微言轻"之另类理解；而个中教育"大义"几何，却只能任由读者评价矣。最终，自以为"教育长短论"之名为最佳。

所谓"长短"论，实是双关。

一是指本文集中许多篇章都是对最近十多年中国教育的批评，属计较教育之"长短"，或者思考教育发展之得失的作品。当代中国教育的迅猛发展，既充满希望，又让人极度焦虑。认真计较长短，当可大益未来。

二是希望借鉴文学体裁上的"长短句"表达风格不拘之精髓。作为词的别称，特别是与力求工整划一的律诗相较，"长短句"实为"句子长短不齐"、狂放不羁的文体。笔者执业教育学原理专业，故敢以一切进入视野之教育现象为臧否对象。这本文集，除了本人聚焦最多的教育伦理、教育思想等领域，游思所至，举凡基础教育、高等教育、教师教育等领域无不涉足。或只言片语，或长篇大论。然嬉笑怒骂、低吟浅唱，无不心怀康健我中华教育文化之梦想。

长短论，自以为只是在做自由、随性的思索。但即便是堂吉诃德，也渴望同行者。故结集出版与其说是呈现思考，不如说是呼唤回声。"凤飞翱翔兮，四海求凰"是也！

檀传宝
2014年11月于京师园

# 目录 contents

**第一辑 关切**

- 003 合乎道德的教育与真正幸福的追寻
- 010 教师教育的概念解释
- 011 建立教师专业标准应当考虑的三个问题
- 015 教师德育专业化：一个时代的命题
- 022 再论"教师德育专业化"
- 037 今天，我们需要什么样的教师道德？
- 043 以人为本的师德内涵
- 046 为幸福而教
- 057 专业伦理建设是班主任专业化工作的核心
- 059 个性自由与价值批判
- 061 学校美育需要点什么？

第二辑 忧虑

- 067 　中国教育学者的三大悲哀
- 069 　"学术腐败""学术贿赂"与"学术打假"
- 072 　我们为什么要反对灌输
- 073 　反对抽象的人道主义
- 075 　反对"学校崇拜",维护教育生态
- 077 　对"有偿家教"及其行政处理方式的若干思考
- 083 　责任推诿:当前中国社会普遍存在的道德病
- 085 　感受差距
- 088 　几点担忧
- 090 　教学活动研究应当注意的问题
- 091 　教育学研究的蛋与鸡
- 093 　慎提"打破教授终身制"
- 095 　新闻公正、职业道德与道德教育
- 097 　一本糟糕透顶的译作

## 第三辑 期待

103 为"教育思想"做有准备的期待
107 多元文化时代中国德育的必然选择
111 做一个配享幸福的教育家
114 优秀班主任应做大教育家
116 愿名师走向更高远的境界
118 提倡教育习惯的反思
120 超越150分的语文教学
122 对诗词教育的审美期待

## 第四辑 记忆

127 先生之风
131 严慈相济的教育艺术
133 仁者黄济先生
137 一位有情有义的知识分子
141 子诺子言
152 博士论文后记

| | | |
|---|---|---|
| | 154 | 心的旅程 |
| | 158 | 《教师伦理学专题——教育伦理范畴研究》再版自序 |
| | 159 | 《走向德育专业化：学校德育100问》前言 |
| | 162 | 《名言集韵》序 |
| | 164 | 冯婉祯博士论文序言 |
| | 166 | 张宁娟《论批判型教师及其成长》序言 |
| | 168 | 小学堂的大气派 |
| | 170 | 成为北师大新的光荣 |

| 第五辑 思想 | | |
|---|---|---|
| | 175 | 儒家德育思想的三大特色与优势 |
| | 184 | 鲁洁教授的超越论教育哲学 |
| | 195 | 小原国芳的富育思想及其现实意义 |
| | 204 | 诺丁斯与她的关怀教育理论 |

# 第一辑
## 关 切

◆♦◇

　　正是对于幸福概念的误读，才导致了学生之间、教师之间、家长之间的实利主义的恶性竞争。因此，今日之中国亟需一场心灵的革命，这一心灵革命最重要的任务乃是确立对于幸福的概念的真正意涵的严肃而准确的理解。

# 合乎道德的教育与真正幸福的追寻
## ——当代中国教育的伦理思考

## 一、缘起：中国教育巨大的进步与问题

1949年中华人民共和国成立以后，尤其是1978年（改革开放时期开始）以来，中国教育事业取得了迅速而巨大的历史性进步。体现这一历史性进步的数据不胜枚举。最典型的一个例子是：2008年9月1日，中国政府宣布在全国城乡全面实施免除学杂费的九年制义务教育①。这一看似平常的事件，实际上是人类人权发展史上的一个里程碑，因为它意味着从那时起超过全球五分之一的人口真正获得了九年免费义务教育的受教育权。与此同时，在1949年高达80%、1979年高达38%的中国成年人文盲率在2008年也迅速降低到了8%以下。另外一个关于中国教育进步绝好的例证，当是全国普通高校在校生数。中国全国普通高校在校生数从1949年的11.7万人、1978年的86万人，迅速发展到2008年的2021万人、2012年的2536万人。②

但当代中国教育的情形就像中国经济发展一样，在取得巨大进步的同时，也遭遇了一系列严重问题与严峻挑战。最大的问题当然是中国教育质量的低下，其主要表现就是太多的教育当事人在教育过程中失去了其应有的幸福感。在应试教育的阴影里，中国几乎所有的教育当事人都在"不幸福"的教育生活状态之中。学生们备感课业负担的

---

① 中国新闻网：《中国今日起实现城乡义务教育全部免除学杂费》，2008年9月1日。
② 以上数据综合取自中华人民共和国教育部《中国教育统计年鉴（1987—2013）》。

沉重，而教师的职业倦怠之广、家长的子女教育压力之高在全国范围内也是普遍和不争的事实。在这种情形之下，人们应有的严肃追问当然是：

一种不能带给人们普遍幸福的教育，还是健康的教育吗？

或者，一种不幸福的教育，还是"道德"的教育吗？

正因为如此，我们才需要认真讨论"道德"教育与真正幸福的追寻的相关性，展开对于当代中国教育的伦理思考。

## 二、教育不幸福的巨大危害与深层根源

不幸福的教育当然绝对是不道德的。

而且，不幸福的教育对于今天的中国的危害是巨大无比的。

首先，于每一个个体而言，教育过程中的不幸福，不仅意味着师生双方当下的教与学质量的低劣，而且更为严重的是，当下教育的不幸福状态一定会大大降低学生、教师、家长未来生活幸福的可能性。

其次，于中国社会的整体发展而言，不幸福的教育无法支撑对于今天的中国极其重要的产业与社会转型，并阻碍"中国梦"的实现。中国亟需完成的产业与社会转型需要大量创造性人才。但是很明显，只培育听话的孩子、只培养按照标准答案作答的应试机器，从而根本无法带给人应有幸福的应试教育，当然无法培育大量具有内在热情与创造力的创造性人才！

如何找到解决这些问题的答案？我们需要刨根问底。因为答案常常隐藏在问题的背后。

那么，到底是什么形塑了不幸福的中国教育，或者，应试教育长期挥之不去的根本原因到底是什么？

撇开一般宏大的客观社会分析，一个最重要的主观原因是我们的教育目的观有严重问题。追求幸福当然是人类普遍及终极的教育目的。不幸的是，许多中国人却对幸福的概念产生了严重误读。或者

说，我们对幸福的概念的普遍理解，所依据的乃是一种恶俗、低劣的功利主义和物质主义。正是对于幸福概念的误读，才导致了学生之间、教师之间、家长之间的实利主义的恶性竞争。因此，今日之中国亟需一场心灵的革命，这一心灵革命最重要的任务乃是确立对于幸福概念的真正意涵的严肃而准确的理解。

## 三、什么是真正的幸福？

什么是真正的幸福？我们不妨从下列三个"思想试验"来开始探究。

### 思想试验一：钞票等于幸福吗？

虽然很多时候不幸福常常是贫困导致的，但是也很确定的是：钞票可以买很多很多东西，却无法买到人生的幸福。与此同时，我们还可以发现，即便生活十分清贫或者潦倒，许多人仍然找到了属于自己的幸福。我们可以在任何收入水平中都找到幸福与不幸福的两类人。由此可见：金钱或者物质条件虽然十分重要，却常常不是幸福生活的必要条件。所以，真的幸福在本质上是属人的。如果你希望自己生活幸福，你需要另辟蹊径，在精神上修养自己"配享幸福"的主体素养，比如道德智慧与生活技能等。

### 思想试验二：母亲的幸福

"母亲的幸福"可能是解释真正幸福内涵的最典型的样本。什么是母亲的幸福？母亲的幸福当然首先来源于孩子的健康成长。你可以设想：如果一个母亲不在乎孩子的健康成长，就像古代童话故事里那些恶毒的继母，巴不得孩子从眼前马上消失，她是否还能获得母亲的幸福？又如果她是一个正常的母亲，当她无力支持自己孩子的健康成长时，她是否还能拥有母亲的幸福？答案当然都是否定的。

**思想试验三：教师的幸福**

"教师的幸福"也是解释幸福本质内涵的良好样本。试想：如果一个教师不在乎学生的成长，不在乎自己工作的好坏，他当然无法收获正常教师可能拥有的教育生涯的幸福。而一个虽然敬业，但是却缺乏完成教育使命的必要的教学技能，或者缺乏实现自己教育梦想的专业条件的教师，显然也无法获得教育之"乐"（幸福）。

综上所述：试验一告诉我们，幸福与否不取决于金钱，而取决于某种精神素养；试验二和三则告诉我们，不同的幸福有两个共同的要素——无论母亲的幸福或教师的幸福在细节上如何不同，"梦想"以及"梦想的实现"都是幸福生活的本质性要素！因此，虽然准确定义"幸福"的概念十分困难，但是上述三个试验已经证明，恰当定义幸福的实质意涵完全可能。

## 四、幸福即梦想得以实现的人生

基于前述推演，我们不难得出以下幸福的定义：

幸福即梦想得以实现的人生。具体说来，幸福乃是人的目的性自由实现的主体生活状态。严格说来，"幸福"与"幸福感"是不同的概念。幸福感是对幸福人生的主观感受而非幸福本身。

需要说明的是，人们往往有两种不同的幸福的概念：精神性幸福（雅福）与物欲性幸福（俗福）。伦理上所谓的幸福，当然是前者——精神性幸福。即便物质条件常常是幸福生活的基础，幸福仍然不能与财富画等号。这也是我们强调幸福乃是人的目的性自由实现的主体生活状态的深层原因。换言之，幸福生活主要与马斯洛的"高级需要"的满足有内在关联。幸福生活中人生梦想的要素，主要关联的是爱与归属感的需要、受尊重的需要、真善美及自我实现的需要等，而非人的生理性需要。生理性需要及其满足对于人的存活十分重要，但是却非人与动物的根本区别所在。大部分对于幸福生活的误读都是将幸福混同于物质欲望、生理需要的满足——及时行乐。事实上，也正是"人为财死，鸟为食亡"这样的人生哲学在不断毁灭而非建设我们的人生幸福。

## 五、幸福的奥秘或幸福的定义对于我们的启示

幸福是人的目的性自由实现的主体生活状态。幸福的这一定义已经揭示了幸福人生的奥秘。真正的幸福，取决于以下两个基本条件：

一是"目的性"。如果你追求幸福，你就必须有自己的人生梦想，有属于你自己的关于事业或生活等方面的有意义的、真实的人生目标。失去梦想与希望，当然也就失去了幸福生活的源泉。

二是"自由实现"。事业顺遂是幸福生活的另一基础。"人的目的性自由实现"，实际上就是你的梦想成真。进一步说，就是你要有能力让自己的梦想成真。这就意味着，追求幸福的人首先必须努力修炼幸福生活所必需的道德与专业能力。

幸福生活的两大条件实际上也是幸福生活的两大秘诀。如果你想追求自己的幸福，首先要做的是确立自己的人生梦想、准备实现这一梦想的条件，特别是主观条件，即主体素养。

如果我们认可上述结论，那么，中国教育应当进行何种变革？

如果我们承认不幸福的教育是不道德的教育，那么，幸福的定义则告诉我们：合乎道德的教育应当建基于所有教育当事人特别是学生与教师的幸福之上。"人的目的性自由实现"的命题所揭示的伦理规律也应当应用于校园里的日常教育生活。而这意味着：

第一，教育工作应当为孩子们幸福的学习生活服务。

成人社会不应该居高临下地"给予"孩子所谓的"理想"。相反，学校教育应当致力于帮助儿童发现自己的人生梦想，特别是发现真正属于他们自己的内在的学习动机、成就动机。一旦孩子们发现了真正属于自己的内在的学习动机、成就动机，学习、作业就不再是"课业

负担",反而是幸福生活的源泉!学校教育的另外一项重要工作就是赋予孩子实现梦想的学习能力与方法。因此,恶名昭彰的中国孩子"课业负担"问题的实质并非是否应当布置作业,而是要看作业是否对孩子具有足够的吸引力、要看学校是否成功帮助孩子掌握不断取得学习成就的必要技能。学习生活完全可以是一种幸福生活。

第二,教育工作者应当为自己创造道德、幸福的职业生活。

幸福的定义对于教师生涯的启迪也同样包括两个方面。一方面,教师应当努力建构、培育自己的事业心(教育之梦);另一方面,教师应当不断修炼自己。换言之,"爱岗敬业"其实是教师的幸福之路,而不应仅仅是某种简单的道德诉求。同理,修炼教学能力当然也是教师追求自己教育幸福的内在要求,而并非只是为了在职业竞争中得以幸存的被动应对。做一个幸福的教师,只是要求我们努力做一个伟大的教师并享受作为伟大的教师的喜悦而已!

## 六、结论:追寻合乎道德的幸福教育

应试教育已经使中国失去太多。太多的中国人,尤其是学生与教师在教育过程中失去了本该拥有的幸福。但是应试教育问题的克服并非易事,这一模式挥之不去是因为始终有支持其存在至今的深刻的社会根源。一个最重要的原因是中国社会普遍存在的错误的教育观,特别是错误的教育目的观。试图通过应试教育去追求真正的幸福无疑是缘木求鱼,因为支撑应试教育的恰恰就是对幸福的错误理解与追寻。因此,澄清与重构幸福的概念是当代中国教育的救赎之路和最为迫切的任务。如果我们认可幸福即"人的目的性自由实现"这一结论,那么对于幸福教育的追求就意味着努力帮助学生、教师在自己的学与教的日常生活里去发现真正属于自己的梦想,并发展他们能够让梦想成真的主体素养与能力。

追寻合乎道德的幸福教育,是当代中国教育改革最为重要,也无比艰巨的任务。面对困难与挑战,孔子曾经教导我们说:"仁远乎哉?

我欲仁，斯仁至矣！"（《论语·述而》）孔子还曾经大力倡导"为己之学"的精神："古之学者为己，今之学者为人。"（《论语·宪问》）于实现我们最为艰巨的任务即追寻我们自己的教育与人生的幸福而言，孔夫子的告诫无比珍贵。

［本文译自作者为亚太地区道德教育网络（APNME）年会（2014，上海）所作主题演讲稿 *Moral Education for the Real Happiness：Ethical Thinking on the Present Education in China*。］

## 教师教育的概念解释

比较"教师教育"与"师范教育",最主要的不同在于:

第一,(性质上)教师教育是一个现代性概念。"师范教育"基本上与师资培育方式的第一阶段相联系,主要着眼于教育教学技能简单、速成的培养;"教师教育"则是师资培育观念与模式现代化的产物,它意味着师资培育已经进入全面关注教师培养质量的第二个历史阶段。

第二,(空间上)教师教育是一个开放性概念。它不仅仅指称原来较为封闭的师范院校为主体的定向型教师培育系统,而且指称所有从事师资养成、培育工作的机构和工作方式。因此,教师教育与开放型师资培养模式密切关联。

第三,(时间上)教师教育是一个终身性概念。与原来一次性的教师职前教育为主要内涵的"师范教育"比较而言,它既包括教师的职前教育、入职教育,也包括教师的职后培训和终身学习。因此,教师教育与建立学习化社会中的教师专业发展概念密切联系。

因此,也许应当这样定义"教师教育"——

教师教育是指所有能够帮助教师实现专业准备和专业发展,促进教师终身学习的现代教育系统。

# 建立教师专业标准应当考虑的三个问题

在中国，近年关于教师专业化的讨论已经转入具体问题的研究，例如教师专业标准和教师教育标准的建立等，这是一个非常好的迹象。但是在教师专业标准的建立过程中，一些前提性的理论问题需要引起研究者和政策制定者的高度关注。我个人认为，以下三个问题是值得注意的。

## 一、关注教师专业标准的国际性与文化性

这里所谓的"关注教师专业标准的国际性"，是指需要比较、借鉴不同类型和不同发展程度的国家已经建立的教师专业标准或者对于这一标准的不同理解。通过分析、比较不同国家关注教师专业标准的普遍性和先进性，引导和建立一个高质量的教师专业标准或者标准的框架。这里说的"普遍性"是指各国共同认可的（共识的）部分，而"先进性"是指一些国家建立起来，虽然不具有普遍性，但是有其合理性的方面。忽略"普遍性"，就会违背教师专业化的常识，比如我们过去就曾经将教师专业标准（教师资格）等同于学历标准，这实际上与国际通行的专业标准的概念相背离。而只讲"普遍性"、忽视"先进性"就会形成一个平庸而不具备发展的前瞻性的标准，也同样不可取。

我们也希望注意教师专业标准的文化性。教育是一个文化性极强的事业。文化不同，对于教育、教师和教师专业标准的理解便可能有很大的不同。比如东西方对于"师德"的理解就有很大的不同。中国、日本等国家强调教师要"为人师表"，对于教师的"身教"十分

强调，这实际上是要求教师有比较崇高的人格。但是在西方的许多国家，所谓教师的"专业伦理"其实只是对教师职业道德的基本或者底线的要求。从某种意义上说，我们无法绝对地说东西方谁的教师概念更好——这是一个文化或价值领域的问题。因此考虑到文化多元存在的现实性、合理性，在制定教师专业标准或相关的国际文件时，我个人的建议是：第一，一定要将对不同文化的尊重作为制定教师专业标准的一个总体原则予以肯定；第二，制定有关标准或文件时应当在某些方面保持弹性，允许不同国家保留自己的理解，建立自己的标准。而对于一个像中国这样传统的教育文化大国来说，认真研究和保持中国教育文化、教师文化的特性，是我们在制定新的专业标准时能够保持特色并且贡献于世界的重要方面，这应当引起我们的高度关注。

## 二、关注教师专业标准的终身性和发展性

教师专业标准应当考虑覆盖教师生涯的不同阶段，应当发挥其对于教师专业发展的引导、帮助作用。为此需要特别注意以下两个问题。

第一，应当依据不同教师生涯阶段中教师的专业需求和发展实际制定相应的专业标准，使之对教师专业发展的帮助具有针对性和实效性。世界大多数国家都是将专业标准的建立和教师资格证书制度建立在帮助教师不断实现专业化的基础上的，一般都要求教师不断学习，以更新知识、更新资格证书。制定专业标准既应当建立静态的专业目标，同时又应当为教师的终身学习提供制度上的保证。而在中国，后者往往还没有引起太多的注意。但是不注意这一点，只单方面要求处于不同教师生涯阶段的教师接受划一的继续教育，是极不合理和不人道的。

第二，充分关注教师专业发展中的困难和问题。许多国家规定教师必须在几年内更新教师资格证书（比如菲律宾就是3年为一个周期），本意是帮助教师实现专业化。但是过于频繁的证书更新和过于

繁重的继续教育会不必要地加大教师的专业压力和工作负荷。其结果不是帮助教师而是加害教师。目前中国的教育改革（包括制度变革、课程改革等）中，教师已经遭遇了很大的困难与压力，其中就包括继续教育方面的困难与压力。应当说，不考虑教师的需求与生活实际的制度和标准不仅是不科学的，而且最主要的是不人道的。这一点也应当在建立教师专业标准时予以特别的重视。

## 三、特别关注教师管理阶层
## （即教育行政官员）的教育专业化问题

在世界范围内，必须实现一个教育观念的转变，那就是应当将"教师专业"（Teacher's Profession）或者"教学专业"（Teaching Profession）概念拓展为"教育专业"（Educational Profession）概念。这就是说：所有从事教育行业的人都应当具有自己的执照——有自己的专业标准。这其中当然应当包括教育官员，也应当有相应的适应教育管理专业要求的专业标准。如果校长没有从事过教育工作，未能获得过教师资格证书，我们会认为有问题。那么，更高级别的教育官员没有相应的教育和教育管理经验，没有获得过相应的资格证书，肯定也是不合适的。一个税务局长不能直接去当教育局长——除非他符合教育专业的标准。"教师资格"—"校长资格"—"教育官员资格"在专业标准或要求上应当是后者包含前者，即后者要求更高而不是相反。教师专业标准不能成为教育官员们单方面居高临下管理他人、治理他人的一个根据。

在一些发达国家（比如美国），中小学校长除了必须当过教师、具有特定教师专业资格以外，还必须修习一定学分的教育管理方面的课程，获得教育管理方面的资格证书。但是对于更高级别的教育管理人员，目前尚未建立明确的专业标准。应该说，这是一个令人遗憾的地方。

中国作为一个"后发型"的发展中国家，在这方面可以有所作为

或者发挥"后发优势"的工作应当是:

第一,提出一套有前瞻性的体制上的建议——呼吁逐步建立教育官员的专业标准。

第二,带头探索、建立一个可供参考的教育官员的专业标准,尝试实现"教师专业"向"教育专业"的概念转换。

[本文原系作者在联合国教科文组织(UNESCO)关于教师专业标准研讨会(2003,上海)上的发言。后发表于《教育科学》杂志2004年第2期。]

# 教师德育专业化：一个时代的命题

尊敬的高洪司长、关国珍主任、董奇常务副校长、各位专家、各位领导、各位好朋友，刚刚和高司长聊的时候，我和他分享我开展这个活动的心得。这个活动是由我们研究中心与华东师范大学出版社北京分社联合主办的。就做事来讲，其实是非常有意义的，但却是很简单的事。比如说我的年度项目需要作一个鉴定，请各位领导和专家过来就是做鉴定专家，跟大家作一个汇报；就出版社而言，借这样一个仪式告诉社会公众我们做了很好的书，向大家作宣传。但是，我和出版社双方都有一个高度的共识，我们做这件事并不是简单的项目成果的汇报。因为简单的项目成果的鉴定就是找几个人，甚至不用开会，通信评议就可以；媒体发布也是，不用这么复杂。我们主要是出于一个非常重要的出版社的使命，尤其是我们研究中心的使命。出版社的那套丛书叫"有效德育丛书"，在我们的支持下已经出版了三本。我们自己，包括和北京市教委的合作，有一个非常重要的想法想借这个机会和大家分享。这个想法、这个会议的主题可能比我们做的这些具体的事情更重要，所以我今天的讲题是"教师德育专业化：一个时代的命题——来自北京师范大学的专业建议"。为什么说它是一个时代的命题？我觉得基于两点：一个是基于中国，中国的教育正处于从量的扩张到质的提升的转型之中；另外一个是基于世界，世界范围内各民族虽然重视德育，但是大家多有一个相对错误的假定——认为所有人到中小学后自动就可以进行德育。所以我认为现在是一个德育向更高境界转化的时代。在这个时代里，作为一个德育研究者，我认为需要提醒学术界、我们的教育领导和教育同行注意这样一个概念，因为从经验型到专业型教育的转变中，有一个非常重要的维度是教师的德育专业化。我将分三点简要介绍我的想法，和大家分享。第一，为什么要提出"教师德育专业化"的命题？第二，教师德育专业化到底意味着什么？第三，怎样实现教师的德育专业化？

为什么要提出"教师德育专业化"这个命题？我将从以下二点进行阐释。

第一，我从最近对中国德育的负面现象的观察中有一些感受。"绿领巾"事件出现之后，我曾经和我的同事聊过，我说如果我们的某些东西不变，"绿领巾"一定会以别的形式重现，果不其然，不久之后就出现了"红校服""黄校服"事件，等等。事实上，我们发现不是这些学校、老师不关心孩子的品德成长，在中国这样一个"伦理型"文化环境中，大家是在意它的。关键的问题在于我们的观念、我们的专业能力可能确实是有限的。所以即使某一次课、某一个现象我们注意到了，努力地防止它了，可是因为我们根本的专业能力没有提升，有一天我们还会在另外的地方出问题。所以我从这里觉察到一个非常重要的命题，就是当经验型教师向专家型教师转型时，德育的维度必须提出来，否则就不光是德育的问题了。像"绿领巾"就不仅是德育的问题，也可以说是整个教育品质的问题。所以，为德育计，为教育计，教师必须完成德育的专业化。这是一个原因。

第二是教育的本然，就是考虑到时代的变革，教育本身最理想的状态也是要实现教师的德育专业化。那天我在给硕士生上课的时候，从这开始讲德育的形态。我就问同学们："一个物理老师在课堂里面可以有几种德育？"大家很热烈地讨论。在物理课堂教学中，一个最普通的物理老师至少有三种德育。第一种，物理老师的学生不好好听课时，他会像班主任那样要求学生认真听课，我们把这个叫作"直接的德育"；然后，物理老师讲正电荷、负电荷相遇产生雷电，他没有讲德育，但是他间接完成了唯物主义世界观的教育，消除了迷信，所以有"间接德育"的成分；从更深层次上讲，任何教师和学生的互动形式、课堂组织形式对学生来讲，还有另外一种东西，互动形式本身含有"隐性课程"的意味。隐性课程不等于德育，但是它有一个非常重要的维度是德育。所以你会发现从古到今,所有的科任老师,我不讲政治老师,我就讲物理老师,在课堂里,他本来就有三种德育。问题是,他意识到这三种德育了吗?他能够处理好这三种德育的关系吗?我相信现在是不行的。当然有一些老师通过自己的摸索,到他们退休时,会有一些心得,但是那已经太晚了。

第三,我认为是概念的缺省。在2003年上海的教师标准座谈会上我就谈了这个观点。我当时希望提一个概念,就是"教育专业化"。大家现在总说"教师专业化""教学专业化"有问题,因为它们有两个缺陷。一个是,讲"教师专业化"时是不包括教育的领导人的。当时美国威斯康星大学一个教授坐在我旁边,我跟他说:"就是在你们美国,校长有资格证书,但是校长以上的公务员系统基本没有资格证书,谁都可以做教育局的局长。"所以我当时就提出,应该由"教师专业化"到"教育专业化",把所有教育中间的平等都放进来。另一个是,多数情况下,"教师专业化"似乎约等于"教学专业化",特别是讲备课怎么备,课件怎么做,课怎么改,基本上没有注意到教师的德育专业化的维度。这个概念本身是有问题的,我们要对此作出改变。所以,基于时代的需要,基于教育的本性,还有基于以前的"教师专业化"等概念本身的问题,我觉得现在提"教师德育专业化"是正当的、非常必要的。关于这个概念,我和蓝维教授已经有过一次合作。在2007年4月,由我组织,和蓝维教授、易连云教授等在一期《教育研究》上专门搞了一个笔谈。可惜,理论上的探讨并没有引起社会公众的太多关心。所以,我今天愿意牺牲领导、好朋友们一部分时间,主要是想将这个道理和大家分享。这是第一点:为什么要提出这个命题?

北师大引出这个概念,到底想说些什么呢?我们首先要了解"教师德育专业化"概念本身的内涵。我想对此讲三个方面的问题。

首先是维度问题。教师德育专业化到底是什么意思?很多时候人们把"教师德育专业化"理解为"德育教师的专业化"。严格说来,本来不应该有"德育教师"这一说,但其实为了方便,也从经验上讲，教政治课的、做班主任的这些人就被称之为"德育教师"。很多人都认为班主任要专业化、政治课老师要专业化，这当然没问题，这和所有老师的专业化一样。我说的这个"专业化"其实包含两个广义维度：一个是，我所谓的"教师德育专业化"的"教师"是指广义的"教师"，包括教师的领导者，从我们的高司长开始，一直到我们在座的中小学老师，都包括在里面；另一个是，"德育教师"也是广义的，包括直接从事德育工作的人，也包括所有在学校里面从事其他工作的人。所以我觉得教师德育专业化的维度也应该包括两个：一是"教师的德育专业化"，二是"'德育教师'的专业化"。到目前为止，这两个维度其实是没有完成的，我们只在德育教师的专业化维度上做了一些工作，但这些工作的前提也有问题。比如说，我是政教系毕业的，到目前为止，师范院校培养思想政治课老师是怎么培养的呢？和中文系老师培养教师是一样的，就是学习公共教育学、公共心理学加政治学科所需要的哲学、经济学、科学社会主义这些内容，再加上实习，然后去当政治老师。这里是假设政治课和语文课、数学课没有区别，这个假设是经不起考验的。因为思想政治课，作为直接德育的学科，它有强烈的价值意味，它跟教数学不是完全一样的，尽管我也强调数学老师也要德育专业化。实际上，教师德育专业化在直接从事德育工作的那部分人中要求更高。当然，我这里强调的所有老师都应该实现德育专业化。到目前为止，有一个先进的国家做得比我们好，那就是日本。在日本，你会注意到，它的中小学对老师有一个强制性规定，不管教音乐、体育，还是教物理、化学，只要你想到日本的中学或小学去当老师，就必须在大学修过两个学分的道德教育。没修过这两个学分，你就拿不到教师的资格证书。过去有一段时间，新加坡也有这个要求，但最近没有资料证实它有没有。但是绝大多数国家，包括最先进、最发达的国家，目前这一点是做得不好的。所以，从维度上讲，教师德育专业化的两个维度都要注意：一个是所有教师的德育专业化，所有从教的人都必须有德育的专业理论，不光是教学的专业理论；另一个就是对于直接从事德育的那批人来讲，要求要更高。这个"更高"有两个意思：一是指和一般人相比，他们应该有德育的专业知识和能力，二是指跟平行的语文、数学课老师的德育相比，他们应有更多的德育专业要求。

其次是内涵，这和别的领域的教师专业化是一样的，主要涉及两个方面的内容：一个是专业伦理，一个是有关德育的专业知识与技能等。专业伦理和教师德育专业化的联系表现在两个方面。一是德育本身要求以身作则，所以教师的专业伦理与德育有天然联系。如果提德育专业化，专业标准会对教师的专业伦理要求更高，比如我们注意到隐性课程这个概念之后，明明知道某些隐性课程不利于孩子的人格成长，如果再不关注隐性课程，就不是技术问题（以前是技术问题、专业问题），而是道德问题了。如果完成教师德育专业化，则意味着会对教师的专业道德有更高的要求。如果以前不知道如何处理间接德育和直接德育的关系，犯了错误的话，这只能说是教学技能上的问题，不是专业伦理上的问题；但如果你完成德育专业化以后，由于教师的专业伦理和教师的德育专业化建立了联系，那就是民族文化的缺德。二是专业知识和技能。关于这方面，我们已经在成果里做了很好的尝试。比如这本书（《走向德育专业化：学校德育100问》），表面上一看，我在前言里写道："这么多书，再编一本小儿科的书干什么？"其实，这本书我们不是简单地编，除了刚才王丽娟博士很细致的介绍之外，我们是一个框架：我们觉得所有老师都应该知道德育的一些理论，所以有个简单的理论模块；所有老师应该有一些德育实务的知识，所有老师都应该对世界上公认的德育流派，比如苏霍姆林斯基、科尔伯格、诺丁斯等，有适当的了解。如果不了解，很多工作就是从零开始，这是不对的。所以，对德育来说，我们已经积累了很多专业知识和技能。去年我们做的工作非常重要的成绩之一，就是邀请了世界级大师诺丁斯。她证述了"关系"与"关怀"的联系，即"没有关系就没有关怀"。以前我们讲的关怀都是建立在我对你的关怀上，这是一种美德；我对你实施了关怀，好像这就是关怀。而诺丁斯并不这么认为。她认为，如果老师没有和学生建立关怀关系的话，这种关怀是无效的。关怀怎么建立？我们现在不能展开讨论。我们不应该从零开始。所以，我觉得如果有这种维度的话，"教师德育专业化"内涵主要还是指因教师德育专业化而带来的专业伦理的变化，因教师德育专业化而对所有教师提出的德育专业知识和技能的要求。

此外，正如朱旭东教授所说，"教育德育专业化"是现在的教师教育或教师发展中所忽略的一个非常重要的概念。正如我们现在所讲的专业伦理、专业技能、知识都是静态的，其实还有非常重要的一点，就是教师的发展。教师发展在不同教龄的教师对专业伦理、专业技能的要求中是不同的，理解是不一样的。因此，我们在研究教师专业化中还要讨论专业发展的阶段问题。你会发现，有很多理论和实践的问题需要去处理。今天我们并不展开，而只是简单阐述教师德育专业化的意思。

第三个问题，对于教师的德育专业化我们能做些什么？这也是我邀请大家来支持我的主要理由。因为如果我们认可"教师德育专业化"这个概念的话，很多时候我们就要问，我们可以做些什么？我觉得可以做很多。首先是政府，我觉得中央政府、教育部部长，如果有可能的话，未来应该在教师资格证书等不同的环节明确提出要求，地方政府也可以尝试着作职前、职后教师德育专业化的安排，所以政府可以做一些事。其次，师范大学可以做些什么事情？比如，像我们教育学部，可以做些什么事情？我觉得至少可以做两件事：一是研究。把教师德育专业化中涉及的很多命题更清晰地表达出来，得出可靠的结论供决策者参考。二是要立马变革教师教育培养模式。比如我们"4+2"的培养模式就有一个很好的变化，即我们是有德育维度的，而一般师范院校培育里是没有的。再次，中小学可以做什么？很简单，如果我是中小学校长，我会马上开设校本教师教育。校本教师教育里，读书会的形式中有一个德育的维度。最关键的问题是，如果前面所说的是具体的老师，如小学老师、中学老师，不能操控的层面，那么从中央政府到学校领导，他们可以做什么，我觉得老师就可以做什么。有一件非常简单的事情——阅读，从现在开始，进行一些有关德育的系统阅读，这也是出版社和我们合作所要完成的事。当一线老师想阅读时，我们必须要提供高质量的阅读书目，而不是令大家读完之后心生反感的东西。因此，这需要专业机构、出版机构和领导部门方方面面的合作。总体来讲，我觉得教师德育专业化是一个非常重要的工作。现在我们中国在经济上发展得很好，世界都为我们自豪，其实我们中国有很多优势，除了人力资源丰富以外，还有一个很重要的优势是，中国是一个伦理文化构建的国家。如果我们在德育方面稍微做些努力的话，我相信我们有条件将德育做成和经济建设一样成功的品牌。大约从两百年前开始，我们一直在学习别人的思想和经验。我觉得，从德育开始，从今天开始，我们应该重视自己的特点，在不久的将来把我们自己的概念、自己的理解、自己的实践经验反过来贡献给世界，同时提升我们的教育质量。我就说到这儿，谢谢大家。

［本文系作者在"北京市中小学德育专家资源库建设项目"成果展示及"大夏书系·有效德育丛书"发布会（2012，北京）上的讲话。］

# 再论"教师德育专业化"

2007年,经本人提议,《教育研究》曾经邀约蓝维、易连云、迟希新、王小飞以及笔者一起在该刊上专门展开了"德育专业化问题笔谈"①。五年过去,笔者继续利用与北京市教委合作项目(北京市中小学德育专家资源库建设)、香港田家炳基金会合作项目(学校德育推进计划)的机会不断思考、实践"教师德育专业化"这一命题,并已公开出版了与这一命题直接关联的项目成果《教师德育专业化读本》(教育科学出版社,2012年)、《走向德育专业化:学校德育100问》(华东师范大学出版社,2012年)等。但是与笔者的热切期待相比,"教师德育专业化"迄今还远远没有引起教育理论界、有关决策部门及教育工作者的应有关注。而作为一个德育专业工作者,笔者一直希望对"教师德育专业化"的倡导能够引起更多、更广泛的关注。这不仅仅是因为个人的学术兴趣,更多的是因为这一命题实在关涉德育实效的提升、教育根本质性的保障,以及教育现代化的真正和完整的实现。因此,笔者再次抛砖引玉,集中讨论为什么要提出"教师德育专业化"的命题、"教师德育专业化"应有的维度与内涵是什么、如何实现"教师德育专业化"三个子命题。

## 一、为什么要提出"教师德育专业化"的命题

我们可以从教育根本性质的保障、教育现实问题的解决、教师专业化概念的缺损三个维度来讨论"教师德育专业化"命题提出的必要

---

① 蓝维等:《教师德育专业化笔谈》,《教育研究》2007年第4期。

性与重要性。

### 1. 教育的本然：没有德育就没有教育

教育应当具有"教育性"，这是一个公理性命题。对于这一本然命题进行卓越论述的教育学家数不胜数。这里不妨枚举一中一外两个例子。一个是著名教育家赫尔巴特的论述，他关于"道德是教育的最高目的"①以及"没有离开教育的教学，也没有离开教学的教育"②的论述在世界范围内一直为人们所津津乐道，就是因为他对德育与教学的关系、德育对教育根本性质的保障作用进行了精彩绝伦的论述。另一个是我国台湾学者陈迺臣的论述："教育应该包含教导和学习的因素在内，但反过来说并不一定为真。亦即有教有学的行为或活动，不见得就是教育。这是因为教育本身也是一种价值性活动。"③因此，"教育是一种善意（良善之意向）的活动"④。赫尔巴特与陈迺臣的论述都是对教育之"教育性"（价值性）公理的肯定，也是对德育之于整体教育性意义的有力确证。

但人类一个非常荒谬的特征乃是，我们承认的公理常常得不到我们应有的尊重。在教育领域没有人否定过教育的价值属性，但是人们日常生活中对"教育"形态的认知常常又狭隘到只包括教师对学生的知识、技能的教学等。换言之，尽管教育的价值性毋庸置疑，教育价值性需要通过德育系统的具体存在予以落实或者保障也毋庸置疑，但是真正考虑落实教育的价值本性的教育制度设计与教育实践安排却一直是曲高和寡的。

与之相联，现实的问题是：当教育的"教育性"保障无法实现的时候，反教育的"教育"就会产生。这一点，只要看一看世界范围之内反道德的教育诸病象就不难理解。因此，如果德育的概念得到专

---

① 张焕庭：《西方资产阶级教育论著选》，人民教育出版社1979年版，第259—260、267页。
② 同上，第267页。
③ 陈迺臣：《教育哲学》，心理出版社1990年版，第223—224页。
④ 同上，第223页。

业、理性的界定（如德育并不仅限于专门的德育课），所有从教者作为德育工作者的天命就必须通过"教师德育专业化"等具体途径去实现。没有德育就没有教育，因此没有"德育专业化"当然就没有完整、健康、科学的"教学专业化""班主任专业化""校长专业化"和"教育专业化"概念。而抽掉"教师德育专业化"，教育领域其他的专业化就失去了灵魂，就会变质。

因此，"教师德育专业化"在这个意义上说不是一个当代的新命题，而是一个具有普世性、永恒性的教育之规律性要求。

### 2. 时代的呼唤：教师专业品质的建构需要德育维度

如前所述，当教育的"教育性"保障无法实现的时候，反教育的"教育"就会产生。因此，从比较迫切的教育现实问题的解决入手，我们也不难看到"教师德育专业化"的必要性。

我们不妨从对中国德育、教育的一系列负面现象的观察、分析入手。2011年"绿领巾"事件刚刚出现时，笔者就曾和同事赌定说：如果我们的某些东西不变，"绿领巾"事件就一定会以别的形式重现。果然一语成谶，几天之后就出现了"红校服"事件。两个事件，一个是为了"激励后进生"，一个是为了"奖励优秀生"，故事情节不同，但不同症候背后的教育病理却完全一样——罔顾教育的基本伦理、违背德育的基本规律。

十分怪异的是，哪怕现实的教育再畸形，我们仍然不能说当事的学校、教师是不关心学生的品德"成长"、学业"进步"的。事实上正好相反，在中国这样一个"伦理型"文化环境中，许多教师不仅在意学生的品德，而且恰恰是在千方百计地用经验上、自我感觉上"可能正确"的方式去不断努力"提高德育的实效""促进学生的成长"而屡屡"好心办坏事"的。问题的症结在于：由于缺乏起码的德育专业化教师培育，教育工作者有关德育的教育观念、专业能力实在有限。所以，即使某一次课、某一个现象我们注意到了，努力防止再次"出事"，可是因为教师队伍起码的德育专业能力根本没有建设上去，有一天问题就一定还会在另外的地方以另外的形式出现。所以从对许多教育病态的观察与分析中，我们都不难觉察到一个非常重要的命题，那就是当古代经验型教师要向现代专家型教师转型时，德育作为一个专业的维度必须明确地提出来。否则，不仅德育会出问题，而且全部教育都会病态化。就像"绿领巾"事件等就不单是德育的局部问题，而是事关整体教育品质的大病症。

如果说应对德育的现实问题是"教师德育专业化"必然要求的一个消极维度，那么主动回应当代社会发展对于教育品质的更高需求，则是"教师德育专业化"历史必然性的另外一个积极维度。以中国基础教育为例，人们已经从让孩子"有学上"的阶段逐步过渡到让孩子"上好学"的阶段。越来越多的家长希望学校和教师能够重视、呵护、促进孩子的精神成长，使之成为品德优秀、精神强大、具备幸福生活能力的一代新人，而非仅仅能够进行简单读、写、算，或者仅仅能够进入大学学习的考试机器。虽然世界各国的发展程度不尽相同，但是对教育品质的更高需求已经逐步成为全球当代教育的主要趋势。与这一教育需求的历史性变革相对应的，当然必须是教育的历史转型——从量的扩张到质的追求，进而是教师的历史转型——教师必须从一个经验型的"教学"工作者逐步发展成为具备德育等更全面的专业能力的专家型"教育"家。

因此，在全球范围内，依据社会发展对当代德育现实的迫切需要和教师专业化的发展趋势两个方面的分析，都不难得出这样一个结论——教师专业化新阶段的最突出特征是对"教师德育专业化"的强调。简而言之，教师专业品质的最新建构需要德育专业维度是一种时代的呼唤。

### 3. 概念的缺损：两类错误的假设

尽管人们对于教师的工作是不是一种"专业"存在不同的意见，但是我们仍然可以说教师职业的专业化是人类历史上一个重要的里程碑。但是"教师专业化"又是一个远未完成的历史任务。这是因为迄今为止的教师专业化概念还是一个未完成的残缺概念。这一概念的缺损至少表现在以下两个十分重要的维度上。

第一个概念缺损是指"教师专业化"的范围只限于教师，而没有扩展到与教师工作有关的全部教育领域。2003年，在联合国教科文组织于上海举办的有关教师专业标准的研讨会上，笔者曾经建言，希望用"教育专业"的概念取代"教学专业"或"教师专业"。因为后者的一个致命的缺点在于只要求"士兵"（基层教师）专业化而忽略了"将军"（高层教育官员）的专业化。笔者曾经直接与来自威斯康星大学的一位美国同行交流：即使发达国家如美国，也没有完整的"教育专业"概念——因为美国只有教师资格证书和校长资格证书，却没有对高于校长和教师的教育官员和教育公务员提出教育专业要求的资格证书制度。毫无疑问，这种只要求"士兵"却不要求"将军"的"专业化"概念不仅不公平，而且十分危险——在包括德育在内的任何一个教育领域，如果决策没有专业化，则具体工作绩效越高往往越危险——就像如果士兵按照指挥员指示瞄准的方向有误，则枪法越准损失越大。

第二个概念缺损是指"教学专业（化）"或"教师专业（化）"常常不包含德育的成分。迄今为止，除日本①等少数国家之外，大多数国家的教师专业化的重点都是聚焦于教学的专业化（虽未明说）。如果说对德育维度有所关注的话，教师专业化也仅仅关注了与德育相关，但并非德育本身的教育专业伦理（或教师伦理）维度。人们仅仅从一般"专业"标准中必有"专业伦理"的逻辑出发推演出了教育专业伦理或教学伦理范畴，却无视德育本身也需要"专业化"的现实要求与教育规律。这就使得迄今为止的"教学专业（化）"或"教师专业（化）"等概念因为德育这一必要内容的缺损而成为一个未完成的残缺概念。然而，教育的现实情况是：一方面，教师大学毕业拿到教

---

① 日本小学、初中的所有学科的教师在取得相关教师资格证书时有学习两个学分的道德教育（讨论如何进行德育）课程的明确要求。

师资格证书时基本没有学习过如何进行德育，在继续教育过程中对德育的学习也是偶然和不系统的，故所有教师都在以"摸着石头过河"的方式从事德育；另一方面，现代教育与心理科学已经在德育理念、德育基础理论、德育策略与技能、品德及德育心理等许多维度上都累积了十分丰富的研究成果，但这些成果只在各大学教育科学学院内部即教育研究者圈子里面循环，而较少与一线教师和其他实际教育工作者相联。

因此，"教师专业化"概念的缺损也是论证"教师德育专业化"概念建构必要性的一个重要维度。如果我们再不作迅速的改变，则不仅这个概念本身是有缺损的，而且更主要的危险在于现实的教育病态很难得到根除。所以，基于教育的根本性质、基于时代的需要、基于对"教师专业化"概念本身缺陷的弥补，在更广泛的范围内确立"教师德育专业化"的命题，无疑是教育界十分必要与迫切的任务。

## 二、"教师德育专业化"应有的维度与内涵是什么

由于"教师德育专业化"命题本身尚未得到应有的关注，这一概念的内涵与外延当然都是待构建的对象。本文试图从以下三个维度列举一孔之见。

### 1. 类型："教师的德育专业化"与"德育教师的专业化"

德育从形态上说可以划分为直接德育、间接德育、含隐性课程意义上的德育三大类型，如果将后两者合并，也可以说是直接德育和间接德育两大类型。因此，假定我们完全认可所有教育工作者都是德育工作者这样一个观点，教师仍然可以划分为两个类型：专门的德育工作者和非专门的德育工作者。前者指所有专门或者直接从事德育课程、活动的教师，如承担思想品德课程教学的教师以及班主任、德育主任等，德育是他们的专职或主要工作之一；后者指承担一般文化课教学或其他学校教育工作的教师，他们的主要工作首先是某些非直

接德育课程的教学和服务等。基于这一认识,"教师德育专业化"当然就有针对非专门德育工作者和专门德育工作者两个不同类型教师提出的不同专业化,或称"教师的德育专业化"和"德育教师的专业化"。

首先,关于"教师的德育专业化",即非专门德育工作者的德育专业化要求。如果我们认可所有教师都是德育工作者,那么反过来对非专门德育工作者的专业要求也可以理解为对所有教育工作者的德育专业要求。无论在学校工作的哪个岗位上,由于教育本身的价值属性或者"德育性",所有教师,不管是数学、物理、化学还是音乐、美术、体育课教师,都负有直接德育,尤其是间接德育的责任。因此,每一个教师就不仅要自觉遵守教师的专业伦理,还必须责无旁贷地像了解、掌握本学科教学一样去了解、掌握必要的品德心理及现代德育的基本理论,具备对学生进行合适的间接德育(含利用隐性课程开展德育),甚或适时开展某些必要的直接德育的专业能力。故"教师德育专业化"的第一步,应该是尽快建立对所有教师的德育专业素养标准。

其次,关于"德育教师的专业化",即专门德育工作者的德育专业化要求。鉴于德育是专门德育工作者或德育教师直接和主要的工作责任,故对他们的德育专业素养的标准或者专业要求显然应当大大高于对一般教师(非专门德育工作者)的要求——就像心理咨询师在学校开展工作所需要的专业能力标准应当远远高于一般教师所应了解、掌握的心理健康教育的专业水平一样。非常遗憾的是,迄今为止专门德育工作者的德育专业化水平还处于十分低下的状态。在中国,小学"品德与生活""品德与社会"的科任教师一般是由语文、数学教师(或班主任)兼任的,新教师在入职的时候,一般没有接受过与德育课程直接相关的教育专业训练。而中学政治课(思想品德、思想政治)教师,则基本上是由各师范大学的思想政治教育专业培养的,而这类师范生培养的主要课程设计与数学、物理教师的培养模式并没有实质上的不同——主要课程仍然为学科专业课程(像数学系学数学一样,政教专业的主要课程是哲学、经济学、政治学等）、公共教育学和公共心理学、学科教学论（或教学法）、教学实习等几个固定模块。前述德育课程教师的培育模式没有充分考虑德育课程与教学的特殊性，德育心理学、德育基本理论、学校德育实务、班主任工作等专门德育专业课程的学习基本没有涉及。这就说明，现行德育课程教师的培养存在一个前提性错误——人们将专门德育师资（德育教师）当非专门德育师资（一般学科师资）去培育了。就是说，人们假定直接德育课程的教学与数学、物理等一般文化课程教学的性质是一样的。德育教师培育完全无视德育的特殊性、规律性的现象表明：与非专门德育工作者相比，德育教师的德育专业化发展在教育现实中的缺失可能还要大得多。

总而言之，"教师德育专业化"最主要的维度可以表述为"教师的德育专业化"与"德育教师的专业化"两个方面。目前这两个方面的德育专业化都尚未真正开始。

### 2. 内涵：专业伦理、专业知能

除了"教师德育专业化"的类型或者维度，"教师德育专业化"概念的具体内涵也是一个亟待研究的课题。如果我们撇开教师素养中应该包括的一般文化素养、相关学科素养，仅就与德育直接相关的教育专业素养而言，"教师德育专业化"的内涵至少包括专业伦理和专业知能（知识与技能）两个方面。

专业伦理实际上又存在两个维度：一个是在经验型教育阶段就已经存在的教师职业道德，另一个是在德育专业化阶段有更高要求的教师专业伦理。人类几乎从有教育活动开始就知道教师与德育的自然关联，因而自古各国都有"身教"之说。但是在古代社会尚未实现专业化的经验教育阶段，人们对教师的职业道德要求只限于抽象的以身作则。而到现代社会，教师的"专业伦理"取代"职业道德"概念不仅意味着对教师的伦理要求更加"科学"（师德规范建立在伦理学、教育学、心理学、法学等现代学科知识的基础之上），而且意味着这些伦理要求更加规范、具体,具有可操作性。比如,1975年美国国家教育协会通过的《教育专业伦理守则》除了在前言部分言明教育工作者的一般伦理原则之外,还分别提出了8条具体的"对学生的承诺"和8条"对专业的承诺"。我国香港地区1995年由"教育人员专业操守议会"通过的《香港教育专业守则》则明确了教师对专业、学生、同事、雇主、家长以及公众的义务共74条,以及教师的一般权利、专业工作者和作为雇员的权利共25条。如果考虑"教师德育专业化",则教师的专业伦理又将发展到一个更高阶段——许多现在没有明确的教育责任与权利都将达到专业伦理的要求;而一些与德育专业化相抵触的现行师德规范则必须作相应的调整。比如当人们知道任何一种教学方法或者师生互动方式都会在价值上构成潜在的德育影响(隐性课程)的时候,在经验教育阶段因为没有认识到而不被指责的许多不规范行为都会被新的教师专业伦理所明令禁止。果如是,则"绿领巾"事件就会在最广泛的范围内从根子上杜绝。总而言之,未来"教师德育专业化"将与教育专业伦理形成相互支撑和发展的态势。

至于"教师德育专业化"的专业知能(知识与技能)方面,虽然待研究的课题甚多,但是我们至少可以以现在已有的认识基础展开讨论。在《走向德育专业化:学校德育100问》前言和《教师德育专业化读本》序言中,笔者曾经分别提出过"德育理论、德育流派、德育实务的学习及德育热点问题的研讨"4个知能模块和"德育观念、德育实务、德育理论流派"3个知能模块的一般"教师德育专业化"的课程内容设计。两种设计,尤其是第一种设计不仅兼顾了德育理论与德育实务,而且为了确保德育理论知识学习的开放性和德育实务技能学习的实践特性,还引入了德育流派的学习、德育热点的研讨等维度,是一个相对全面的模块设计。但是这两种设计都是基于不同的实际任务而做的针对性工作,既基于我们的专业判断,又有相对局促的一面。

我们可以设想,在有关"教师德育专业化"的知能学习设计上,除了德育原理、品德心理学这类已经稳定的教育专业课程之外,德育哲学、德育社会学、德育美学等理论课程，以及班主任工作、德育课程与教学、德育活动的组织与设计、师生关系与德育等实践性知识的学习都应该进入未来"教师德育专业化"训练的课程体系。我们可以对专门德育工作者与非专门德育工作者提出不同的课程要求，但是具备从事现代德育工作的专业伦理、德育观念、德育专业知识与实践能力等，应该构成"教师德育专业化"的主要目标并成为未来新型教师专业化概念的核心内涵。

### 3. 过程：专业发展与德育专业化

无论是"教师德育专业化"的类型还是内涵的讨论，都不应该局限于一种静态的分析。因为无论是教师整体还是个体的专业化都是一个历史发展的过程（"化"字本身就有过程的意味）。因此，"教师德育专业化"也应当从教师作为德育工作者的历史进程和每一个教师个体专业发展的生涯阶段去展开讨论。

就教师整体的专业发展而言，迄今为止教师作为德育工作者的历史可以粗略划分为两个阶段。第一个阶段是德育工作者的未分化时期。其对应的是经验型教育阶段，突出特征是教育几乎就等于德育，教师即人师或所有教师都是当然的德育工作者。这一阶段的长处是教育工作者高度重视德育，其缺陷是德育与全部教育一起均处于经验教育阶段。而这意味着这一时期的德育在"学科专业"（哲学、伦理学、政治学等）、"教育专业"（教育学、心理学等）上都处于水平极低的状态。第二个阶段是教师逐步分化为"专门德育工作者"和"非专门德育工作者"阶段。与之对应的是近现代专业化教育阶段，其突出特征是由于近代哲学、伦理学、政治学等相关学科的分化与发展，德育的"学科专业"成为现实，德育逐步成为专门的课程与活动，承担德育课程教学与教育活动者成为"专门德育工作者"，许多德育议题、内容在学科专业（尚非教育专业）解释上比以前更为专业。但与之相应，这一阶段的缺点是一般科任教师（非专门德育工作者）常常会误解工作分工，将德育工作的责任完全推给所谓的"德育教师"。同时由于专门德育工作者和非专门德育工作者的应有的"德育专业"（有关德育的"教育专业"）标准尚未建立，教师在实现"教学专业化"的同时并未同步实现"教育专业"（教育学、心理学等）意义上的"德育专业化"。因此，未来教师专业化水平的更高阶段发展的主要任务、方向就应当指向完整的教育专业意义上的"教师的德育专业化"。

就教师个体的专业发展而言，专业化与职业生涯是一对相关概念。就是说，教师专业化不仅意味着静态的教师专业伦理、学科与教育专业素养、教育实务能力的建设等，而且意味着以上教师专业内涵的建构应当与教师的专业发展阶段（与教龄相关的发展实际）建立内在的联系。这就是严格意义上的教师资格证书制度——不仅包括在教师的准入阶段候选者必须获得从教资格，而且包括在岗教师也必须通过定期接受规定课程的学习来不断更新自己的资格证书，以确保资格证书在专业上持续有效（实质上意味着教师专业知识与能力的与时俱进和更新）。显然，一个新手教师和一个成熟的专家型教师相比，其具备的专业经验、心理需求等差异甚大。故有效的教师专业伦理建设、德育专业能力建设的课程设计与学习安排都应该与教师的专业生涯特点相适应并促进其发展。这意味着社会应当设计、开发针对不同专业发展阶段的"教师德育专业化"的培训课程，不同教师个体则应当努力自觉寻找与自己专业发展阶段实际相一致的德育专业化的自主学习的内容与形式。

综上所述，"教师德育专业化"是在现代教育转型及教育科学高度发展的基础上针对所有教师提出的德育专业素养转型的时代要求与变革过程。其内涵、类型及实现过程都是需要认真研究的理论课题。但是"教师德育专业化"既是时代发展的必然要求，更是现实变革的强烈和迫切的需要。教育理论与实践工作者都应该对这一命题保持高度的关注，并努力促进这一人类教育史的伟大进程。

## 三、如何实现"教师德育专业化"

如何实现"教师德育专业化",同样是一系列待研究的"教师德育专业化"重大课题之一。本文只从教师专业能力建构的几大主体的角度阐发一些初步的设想。

### 1. 政策主体：政府可以做什么

作为教师教育和教育工作的管理者,各级政府及教育的领导者应有的努力首先是对"教师德育专业化"重要性的体认。没有对"教师德育专业化"对德育实效的真正提高、教育整体品质的内在保障的深入认识,就很难有在政策和制度上进行变革的真正动力与意志。就政策的具体行动而言,至少应该努力进行以下两类变革。

第一,建立与"教师德育专业化"要求相配套的政策与制度。中国教育应该借鉴并超越一些发达国家(如日本)的做法,成为世界"教师德育专业化"的良好示范。其最主要的努力应该包括教师资格证书制度的调整和教师教育安排的变革。关于教师资格证书制度的调整,应当通过仔细研究,尽快明确规定新教师在入职前必须完成有关德育的专业课程的学习才能获得教师资格;同时在教师资格定期更新时也应有针对在职教师的德育专业化的明确、具体要求,以促进教师德育专业方面的终身学习。关于教师教育的要求,则除了要保障提供与教师资格证书制度调整所要求的全体教师德育专业化的学习条件(如建立"教师德育专业化"课程体系、培育基地等),还应该针对目前德育教师培育模式普遍存在的重大失误采取坚决的针对性措施,大幅度提高对于直接德育工作者的德育专业要求。

第二,建立完善的"教师德育专业化"政策体系。这里所谓完整的"教师德育专业化",是指德育专业化的主体不仅包括教师,也包括教师的领导者,即从校长到教育局长、厅长、部长都应有德育专业知识的学习安排,或者说,应该有针对各级教育公务员、教育部门领导者的德育专业化的明确、具体的要求。所有教育的领导者都应该是教育的内行,而非教育的外行;同理,所有德育的领导者都应该有对德育专业的足够了解和尊重。换言之,"教师专业化"概念应该拓展为"教育专业化"。以上设想在目前的社会现实中可能显得过于浪漫,但是笔者坚信,明确理想所在并以最大的努力实现这一理想始终是人类社会不断前进的不竭动力。

### 2. 教育主体:大学可以做什么

这里所谓的"教育主体"是指教师教育的主体——大学。虽然随着终身教育制度的建立,大学不再是唯一的教师教育的机构,但是它至少仍然会是教师教育最重要的承担者之一。那么,承担教师培育工作的大学应该对"教师德育专业化"承担哪些责任呢?

第一,应当大力加强对"教师德育专业化"的学术研究。到目前为止,"教师德育专业化"还是一个尚未被普遍认可的命题。这就意味着不仅其重要性未得到广泛认可,更重要的是其具体内涵、类型、实现过程等核心问题都处于"待研究"状态。承担"教师德育专业化"任务的培训机构不应仅仅是类似于后勤机关那样的"管理机构",而应首先是开展"教师德育专业化"研究的学术实体,大学教育学科的相关研究者更应加大对于"教师德育专业化"的研究力度。只有将"教师德育专业化"的诸多问题在理论上讲清楚,才能更有效地加快"教师德育专业化"的实践进程。在一定意义上说,德育研究本身也有一个专业化的问题,而且德育研究的专业化是所有德育专业化的前提。鉴于目前中国德育研究十分薄弱的现状,大学应该大力推进德育研究的专业化,或者大力推进真正德育学术的发展。

第二,要努力探索"教师德育专业化"的教育实践模式。在"教师德育专业化"研究中,对德育专业化教育实践模式的探索尤为重要。在中国内地,我们需要努力完成教师教育的两大转型。一个转型是教师教育应该从较为封闭的、速成式的"师范模式"转向所有符合条件的教育机构开放的、确保教师"学科专业"与"教育专业"水平同步提升的"后大学教师教育模式",使那些愿意投身教育事业并已经完成本科专业学习的大学毕业生进一步通过系统的教师资格证书课程的学习,成为具有较高"教育专业"能力的新型教师。"后大学教师教育模式"建立对于德育专业化十分重要,不仅是因为人们对于教师专业认识的深入包括德育维度的可能性更大,更重要的原因是在后大学教师教育阶段,人们不必因为陷于"专业+师范"的窠臼而失去实现"教师德育专业化"的基本条件(如特定课程安排所必需的课时等)。另外一个转型就是在前述转型的同时努力将对"教师德育专业化"的最新认识落实到教师教育的实践中,实现从经验型德育工作者培育到专业型德育工作者培育的历史转型。后者虽然可以理解为前者的一部分,但是由于迄今为止这一维度没有引起足够和广泛的重视反而具有特别的现实意义。大学或承担"教师德育专业化"任务的其他高等教育机构都应该对"教师德育专业化"的课程设置、教学安排、与国家相关的教育政策密切关联等现实课题作出认真的回应。

### 3. 实践主体:中小学及其教师可以做什么

相对前两种主体而言,中小学尤其是中小学教师在德育专业化方面既处于消极、被动的状态,又处于积极、主动的状态。说他们处于消极、被动状态,是因为宏观政策、制度安排方面的变革对具体的学校、教师来说始终是一种外在的、不能操之在我的客观因素;而说他们处于积极、主动状态,是因为在各自自主的范围之内,学校、教师对"教师德育专业化"的推进实际上都是可以大有作为的。

第一,学校可以探索建立"教师德育专业化"的校本模式。学校如果认识到实现"教师德育专业化"的重要性、迫切性,就不能坐等宏观政策的调整。学校完全可以探索符合学校实际的校本"教师德育专业化"模式,比如"读书交流计划""经验分享计划"等。所谓"读书交流计划",是指学校制定长期规划,每一位或者每一组教师按照学校整体规划在一年或一学期之内认真阅读一本德育专业著作,而后在适当时间向全校同行作阅读心得汇报。以一所100人的小学为例,如果组织得当，3人一组轮换、每月作1次阅读汇报，则33个月以后这组教师才再轮一次。这样，各组教师的阅读负担并不重，但是由于汇报对象是全校同行，一个周期后等于全校教师都了解了33本德育专业著作的内容，每一位教师的德育专业化水准都一定会因此而大幅度提升。所谓"经验分享计划"，是另外一种基于本校德育专业资源利用的计划，即以学校为平台，定期请教师以工作坊（workshop）形式分享各自德育工作的经验、得失，共同面对德育问题的挑战。

以上两种建议能够克服许多学校将"教师德育专业化"等同于那种单一、被动地接受外来专家培训的狭隘理解。其最主要的优点是实用、经济，具有较为普遍的可行性。

第二，教师应当自觉做自身德育专业化的主人。如果学校都能成为积极的角色，那么"教师德育专业化"的直接主体——教师的主体性、主动性显然就更大。而且如果没有教师个体德育专业化的主体性、主动性，学校、大学、政府部门等的"教师德育专业化"努力也就自然失去了起码的根基。教师除了可以主动寻求校外学习的机会、积极参与校本模式的德育专业化活动之外，应该也完全可以基于自己的实际设计各自德育专业化的自我发展路径，如设计完全适合自己的发展计划、学习内容、学习方式等。教师自我德育专业化路径十分重要，因为任何组织或集体性的继续教育安排都无法完全具体关照到每一个个体的专业发展需求、职业生涯实际等。每一位教师都应该有十分清醒的德育专业化自觉，基于终身学习的立场果敢行动。

（本文发表于《教育研究》2012年第10期。）

# 今天，我们需要什么样的教师道德？

师德或教师专业伦理（专业道德）问题一直是国家领导人及社会大众最为关心的教育热点话题之一。最近开展的"全国教书育人楷模评选活动"更是让更多有识之士再次高度关注师德建设课题。在开展向十大教书育人楷模学习的过程中，需要我们进一步认真思考的问题是：这些楷模的事迹体现了哪些新时代的教师专业道德？今天我们需要什么样的教师专业道德？

结合近年来的研究心得，笔者认为，当前我国教师专业道德建设需要特别注意以下四大课题。

## 一、我们需要"专业的"教师道德

在既往的经验性的教育发展阶段，师德问题与德育等教育问题相似，似乎只要识字的人都可以讲得头头是道。但是在教育科学已经有较大发展、教师专业化已经提上教育事业议事日程，同时师德规范制定的复杂性前所未有的今天，师德问题的讨论和其他教育问题一样都应该有起码的专业性。就是说，当代中国师德规范的确立不应再是一般伦理规范的简单重复，而应该充分反映教育专业的特性。教师道德应该是"专业的"伦理，而非过去一般意义上的"行业的"道德。

教师专业道德当然是一般伦理在教育领域的特殊应用，但是又非一般伦理原则本身。比如一般的公正原则要求我们对所有的学生一视同仁，很多情况下这是对的，但是教育活动中"因材施教"原则常常要求教师用形式上好像并非"一碗水端平"的手段处理看起来完全一样的教育事件。换言之，日常教育公正实践中比较多的是"实质性公正"，而非"形式性公正"。因此，依据教育实践的实际去考虑师德内涵的特殊性是我们有效进行师德建设的重要方法。没有教育专业的考虑，就无法真正理解和建立当代教师职业道德。

此外，小学、中学、大学等教育的学段不同，同一个师德规范的具体要求肯定有许多差异，不同年龄、职龄、性别、学科教师的师德理解和需求也各不相同，教师专业道德建设必须充分考虑不同群体教师专业发展的实际等，这也是师德建设必须"专业化"理解的重要原因。师德楷模的许多优秀品质无疑值得全国教师们学习，但是如何有效地开展学习活动，则应该有比较专业的分析与设计。

21世纪的中国教育已经进入一个前所未有的追求专业性、高品质的崭新阶段。与此相应，提高教师道德理论与实践的专业性水平也应该引起教育理论界和有关部门的高度重视。我们当然欢迎社会对教师道德最广泛的关心，但是我们更由衷希望全社会对师德问题的关注能越来越专业。只有教师专业道德的观念确立起来，我们才可能确立有效的专业伦理及其评价标准。

## 二、我们需要"先进的"教师道德

这里所谓"先进的"教师道德主要包括两个意涵：第一，教师应该有崇高的师德追求；第二，对师德的理解也应该与时俱进。前者更多是对教师而言，后者更是多针对社会大众。

首先，教师应该有崇高的师德追求。实际上，即便是一般道德规范也不同于经济生活的法则。因为后者以利己为博弈的基本规则，前者则以限制自己的利益方式，甚至用利他主义的超越性原则处理人际关系。因此，讲道德就意味着过高尚的生活。没有生活的理想性、超越性，也就没有道德生活本身。教师是人类灵魂的工程师，其专业道德的基本要求应该在一般社会道德水平之上。这不仅是社会大众的期待，而且是职业特点的要求使然——就像俗话说的教师只有肚子里有"一桶水"才能教好"一碗水"一样，教师在人格上如果没有适当的高度，又岂能在做人上教育好自己的学生？"范跑跑"事件发生后，曾经有很多人以基本人权为由，为教师的道德缺位辩护，而这从专业伦理的角度分析是十分荒谬的：每个人都不是完全自然的"裸人"，特定身份尤其是特定专业身份会在他的基本人权实践上打上特殊的印记。故一个普通人当然有平等的逃生的权利，但一个消防队员却没有从火场走开的自由。同理，如果你希望在遇到危险的时候和小朋友一起"平等"地争夺生的希望，那你原本就不应该进入以呵护和促进儿童生命全面成长为天职的教育职场。教师之所以受人尊敬，第一原因乃在于教师职业的精神性、高尚性，舍弃道德的高尚性则无以理解教育事业及教师伦理的基本特质。教书育人模范们的精神之所以值得全体教师学习，也在于他们代表了无私奉献、教育公正、教育爱等最先进的教师专业道德。

其次，对师德的理解也应该与时俱进。中国社会是一个转型中的社会，古代、现代、后现代价值观念杂糅，人们在评价师德问题时常常缺乏统一的标准。比如，一方面家长们希望自己的孩子有个性，但是另一方面又常常不希望孩子的老师"太有个性"；一方面社会大众希望建设平等、公正的社会，但是另一方面大家又常常过分希望老师要"像老师的样子"（作无原则和片面的牺牲）、不能有哪怕最起码的权利主张。在这种情况下，我们需要反问自己的是：我们对人、对己的道德标准是否应该具有起码的一致性？需要实现道德观念变革与进步的仅仅是教师群体，还是也应包括社会大众在内？因此，我们不能用落后的旧标准去评价新时代的教师专业道德。新时代师德规范的建立一定要与社会文明的整体进步步调一致，当代中国师德建设更要有与时俱进的整体社会环境的支持。

## 三、我们需要"公平的"教师道德

如前所述，教师当然应该有崇高的师德追求。但是在当代社会，崇高的师德本身就意味着公正原则的落实。我们不能设想在整个社会都在追求公平正义的时候,教师面对自己的合法权益被侵害时老是表现出臣民式的怯懦。恰恰相反,教师的崇高人格的一个重要维度就是以身作则向不平等和社会丑恶现象说不。新时期的师德应该建立无私奉献和公平正义的平衡,否则我们追求的师德就是一个片面牺牲型的古代师德,那样不仅对教师不公平,更不利于教师"以身立教"与促进学生公民人格的建立,即不利于学校德育实效的提高。此外,师德规范的主体无疑是教师,教师应该是自己专业规范制定最重要的主体。但是目前各类师德规范基本上是以文件下达或颁布的形式产生,教师较少甚或完全没有发言权。这是一个令人遗憾的现象。任何一个没有教师全程积极参与的师德规范的产生都不仅有违公平、公正的原则,也难以被广大教师所真正理解、接纳和自觉实践。换言之,"以人为本"原则在师德建设程序上应该转换为建设"师本"型教师专业道德的实践。

除了师德规范本身应该贯彻公平原则,处理好无私奉献和公平正义的平衡、教师专业义务与专业权利之间的平衡之外,另外一个重要的维度就是以"德福一致"原则处理好师德建设的机制。道德规范是人类最重要的生命智慧。拥有道德修养,人生就具备了"配享幸福"的必要条件。人生幸福既是道德人生的必然结果,也是道德规范确立的最好理由。目前的师德建设实践中,许多机构只是做师德规范的外在灌输,收效甚微。其结果是每一次师德教育活动都变成了一种强制命令、了无生趣的过场。因此,在师德建设过程中,如何采取切实措施有效地建立师德规范与教师个体幸福之间的有机联系,让师德在每一位教师的肉身上愉快、有效地生长出来,是唯一人道且公正的选择。

### 四、我们需要"合适的"教师道德

今天教师职业道德到底是更好还是更坏了?这是教育领域内外都十分关注的一个问题,对于这一问题的恰当回答也需要理性、专业的分析。

在教育领域之外，每每遇到师德模范人物出现的时候，人们常常先将这些模范人物神圣化，而后由此产生对师德的刻板化理解，于是制造一个一般教师无法遵守的"神仙道德"让全体教师遵守。这种过高的道德期待既不公平，也难以实现。而每当教师们无法践行上述要求过高的师德标准，尤其是教师群体中出现极少数害群之马时，媒体或大众又极容易从对教师道德形象的"神圣化"过渡到"妖魔化"，认为教师"皆祸害"、全国教师的师德水平都很低。殊不知，无论"神圣化"还是"妖魔化"都是一种非理性的认识。客观地讲，中国有1600万教师，他们绝大多数都在兢兢业业地工作，中国GDP在很短的时间内上升到全球第二，首要功臣当是中国的教师而非那些世界工厂里直接劳作的工人、企业管理者和科学技术专家，因为后者功劳再大，也无一不是教师培养的！因此社会对教师有比一般职业略高的道德期待是合理的，也是对教师职业尊重的表现，但是如用过高或过低的道德标准去要求和评价中国教师的师德现状，肯定是不合适的。

以上问题延伸到教育领域内部就转换为如何建立"合适的教师专业伦理标准"这样的命题。人们常常在师德规范建设过程中争论不休的一个问题是：师德规范应该高一些，还是应该低一些？一些人认为教师是一个崇高的职业，因此师德规范应该更多地反映教育的道德理想；另外一些人则认为既然是规范，就意味着是人人都应该遵守的行为准则，所以应该以"底线伦理"为教师道德的标准，"不犯法就行"。其实，这种貌似剑拔弩张的极端主张其实都是假命题。因为合适的教师专业伦理应该在道德理想和基本要求之间建立合理平衡——一方面有基本的道德要求，违背这些要求就应该遭到谴责甚或驱逐；另一方面也应该确立崇高的道德理想，以作为广大教师"虽不能之，心向往之"的精神方向和更高教育人生追求的持久动力。但后者既然为理想，就只能倡导而不能作为强制执行的基本规范。目前我国教师专业道德规范总体上缺乏必要的专业分析和科学清理，随意性强争议性也就大。因此，如何从提高师德规范专业水平入手建立"合适的"师德规范体系，的确是师德建设的当务之急。

任何一个有进取心的民族都不可能不关注与教育质量密切关联的师德建设问题。在有着尊师重教文化传统并且以"科教兴国"为基本国策的中国,师德建设更是一个肯定会"年年讲、月月讲、天天讲"的恒久话题。《国家中长期教育改革和发展规划纲要(2010—2020)》也再一次突出强调要"加强师德建设。加强教师职业理想和职业道德教育,增强广大教师教书育人的责任感和使命感"、教师要"以人格魅力和学识魅力教育感染学生,做学生健康成长的指导者和引路人"。但是师德问题千头万绪,现代社会价值生态极其复杂,如何实现我国师德建设水平扎实、有效的进一步提升?笔者确信从一般意义上的"职业道德"向"专业道德"转换等问题,是我国当前教师教育、教师伦理等研究领域必须直面的现实课题。

(本文发表于《中国教育报》2010年10月21日。)

# 以人为本的师德内涵

新时期的师德建设应当有新时代的气息。"以人为本"就是当代教师职业道德的应有内涵之一。那么，以人为本的师德内涵主要应当有哪些？我个人特别愿意强调以下三点。

第一，以学生为本。中国一直是强调师道尊严的国家，师生关系与封建等级制度曾经是同构的关系。老师、学生、家长、社会都曾经一致认可这一不平等的师生关系。这令人想起一百多年前的美国，比如鞭笞，直到19世纪中后期在美国仍然是普遍的——根据赫拉斯·曼（Horace Mann）的一项调查，美国一个有250名学生的学校，在一周的5天中就有328次鞭打，即平均一天约66次。而"公众赞成这种教法，他们总是斜眼看待那些企图制止这种棍棒纪律的人"[①]。经过进步教育运动，美国居然形成了后来大家所批评的"儿童中心主义"。今天人们则常常说美国是"儿童的天堂"，就是说，美国学校存在较为平等和人道的师生关系。美国的这一变革实质上可以看作是教育现代化的一个重要组成部分。今天的中国，教育现代化的任务仍然任重道远。其中师生关系方面的现代化的首要任务就是要理性地实现师生关系的民主化。以人为本、以"生"为本是现代教育的根本要求。

第二，以教师为本。中国的教师不仅对学生要求较多，对自己也往往苛求；中国教师的形象很崇高，但是也很苦涩、保守，充满"牺牲"的悲剧色彩。其实在市场经济社会中，如果一个人很道德，但是却很痛苦，我们是很难有说服力地号召学生去践行道德的。相

---

① 约翰 S. 布鲁柏克:《教育问题史》，安徽教育出版社1991年版，第222页。

反，教师应当展示"德福一致"的道德律，展示积极和优雅的道德人生，以道德生活的美好、道德智慧的美丽立教，所以不应脱离教师的职业、生活的幸福去片面地理解师德。教师应当在完成使命的同时完成道德；教师应当敢于维护自己的合法权益，做积极师德的践行者。教师不仅应当公正地对待他人，也应当公正地对待自己。

以教师为本也对教师以外的人群提出了要求。一些单位不尊重教师的尊严、劳动和权益，某些地区至今仍然存在不同程度、不同形式的拖欠教师工资等现象。社会既不以教师为本，又何以要求教师？片面要求教师恪守道德是不合适和不公正的。因此，以人为本的师德呼唤社会公正。

第三，以学术为本。这一点主要是对高等教育而言。中国人在道德建设上最需要加强的莫过于规则意识、公民观念。在有特权存在的情况下，无法以人为本。我想以"学术贿赂"问题为例说明之。

何谓"学术贿赂"？"学术贿赂"是学术腐败之一。行贿者最初以函授、夜大的文凭做"资本积累"，在尝到甜头之后，逐步将行贿的方式升级为给一些特定人群提供硕士、博士研究生考试、招生、培养、颁发"货真价实"的文凭等方面的"一条龙服务"，或者干脆聘请一些人为荣誉博士、兼职教授之类，可谓媚态百出、丑态百出。受贿者则面不改色心不跳，对于学术贿赂比接受金钱、美色更为坦然地予以笑纳——顷刻之间，不费吹灰之力即可成为硕士、博士、教授、博士生导师、学术团体的掌门人，成为一些人乐于标榜的所谓的"儒官""儒商"，反过来傲视那些"没有文化品位"的同侪，当然也更傲视那些白首穷经的"酸儒""腐儒"们，其获得病态的心理满足大大超过金钱、美色。于是乎，学术贿赂与学术腐败两者狼狈为奸、推波助澜，已经蔚然成为中国社会一大奇特的病态景观。

但问题是，如果大家都不遵守同一规则，如何谈得上以人为本？

人们常说"大学是社会的良心"。但是许多大学已经不要操守、不讲良心了。大学精神不在，中国大学如何成为"世界一流""世界知名"？所以，以人为本的师德的重要内涵之一应当是大学以"学术"为本。

（本文发表于《人民政协报》2002年1月31日。）

# 为幸福而教

## 一、教育的宗旨：为幸福而教

为什么要提出"为幸福而教"这个命题？我们可以从学生、老师两个方面去思考。

### 1. 学生角度

从学生的立场看，今天中国教育最大的问题是什么？众所周知，今天中国教育最大的问题或最大的问题之一，当然是应试教育和应试教育对我们的压迫。

"应试教育"，在中国，我们反对了多少年了？希望从应试教育走向素质教育这个口号，已经提出了十多年。而类似的口号，其实出现在更早的时候，上世纪七十年代末八十年代初就有"反对片面升学率"的说法。这和反对应试教育是一个意思。反对了几十年，但到目前为止，成效并不大。为什么？这个现象背后的原因是什么？为什么付出这么多努力，结果素质教育的目标好像仍然非常遥远，应试教育的现实还是非常强大？一个很重要的原因，是与我们今天的命题有关系。

在我看来，应试教育直接的原因在学校，但根本的原因却在社会。

在北京也好，在其他地方也好，多数家长都不希望自己的孩子"输在起跑线上"。所以择校不是从小学，而是从幼儿园就开始的。为什么不惜高价选择一个好幼儿园？好幼儿园是为了好的小学，好的小学是为了好的中学，好的中学是为了好的大学，好的大学是为了好的工作。这是一个有趣的圆圈。但请问什么是"好的工作"？好的工作对很多家长来说其实是"好的收入"。很多家长最终是为了让孩子有高收入的工作，而从幼儿园开始一路狂奔，不断压迫自己的孩子去努力学习。但整个社会都要追问的是，不让孩子输在起跑线上，其终极目的应该是高收入，还是孩子的幸福生活？我认为，教育从出发点开始，本来就应该是为了孩子的幸福生活才对。这个圆圈我为什么故意留个缺口？因为如果最后缺一个逻辑不通的环节，"好的收入"这个追求可能是没有意义的。正如漂亮的项链，缺少了一个环节就会掉到地上。试问，收入高就等于幸福生活吗？并不完全是。收入高对我们实现某些梦想（幸福生活）是有意义的，但是收入高并不等于幸福生活本身。古今中外，在不同的收入水平的人群中，人都分为两类：幸福的和不幸福的。收入低的、收入高的都可以分为这两类。而有时候，因为我们没有"配享幸福"的基本条件，比如德商等，收入越高，不幸福的可能性反而越大。或者说，对于一些没有"配享幸福"的主观条件的人来说，收入越高，人生的风险就越高。比如，在中国许多城市里吸毒的，多是"富人"，而非穷人。又比如，穷困的时候夫妻恩爱，富裕起来则劳燕分飞……为什么？

如果高的收入不一定代表幸福生活，所有家长所追求的从好的幼儿园开始，到"好的收入"，却不能到"幸福生活"，是不是有问题？如果只注重成绩，不注重这个人配享幸福的最基本的条件，比如基本的德商——孩子懂事、孝敬父母、有社会责任感等，那么孩子的未来极有可能是一场悲剧！中国要解决应试教育到素质教育的转型，其根本的问题是：所有人，包括教师和所有的社会人士都应该完成一个教育观的变革，那就是教育的目的是创造学生幸福生活的条件——健康、自由、全面的发展，而不是全面发展的某一个维度，如高考成绩。如果仅仅为了高考成绩，孩子可能会变得很自私、冷血、心理有问题、道德有问题，这样的孩子将来注定不会幸福，因为他不具备幸福生活的主观条件或者能力！

所以，应试教育之所以挥之不去，很重要的原因在于，社会没有认真反思：我们为什么要给孩子教育？我们为什么要让孩子去接受教育？我们为了什么给孩子提供教育？所以，如果社会大众不想清楚这个链条（圆圈）的逻辑，就是说，如果我们的有关教育最高宗旨的教育文化不改变的话，单纯靠一部分已经觉醒的教育者孤独地努力，素质教育这个目标可能会一直离我们很遥远！因此，所谓"为幸福而教"，是说教育最终的目的只能是为学生的幸福人生服务。而目前，我们要尽快调整我们的教育观，尤其是教育目的观。

假设"为幸福而教"的命题成立的话，我们就不难分析很多荒谬的教育现象。比如，家长、教师往往在学生不太情愿学习的时候，劝诫学生说：你现在不妨忍着点（痛苦一点），为了将来的幸福！这个逻辑，从经验上讲好像是对的，但实际上却是大有问题的。一个人从幼儿园开始一直到大学毕业，差不多需要20年。目前中国多数人60岁退休。就是说退休前人生的前1/3都不幸福，这合适吗？须知，这前1/3还可不是一般的1/3，是人生最美好的1/3——是人生最有梦想，最青春、靓丽，最浪漫、美好的时光！如果说学生接受教育的这段时间都不幸福，只是为了一个虚幻的"未来幸福"而痛苦地活在当下，这样的劝诫逻辑肯定是大有问题的。所以，"为幸福而教"，很重要的启示是：所有从教的人，都应该改变应试教育强制学生痛苦学习的教育思维方式。我们不妨反躬自问：如果我们每天都在制造教育或学习生活的不幸福，那么，我们的工作还是道德的工作吗？！

有的老师可能会说：要求人，总会让人不快。教育要学生当下就幸福，最好的办法就是让他们爱干什么就干什么，比如不要作业、只要游戏。我们怎么可能一方面严格要求学生，同时另一方面还能让学生非常高兴（幸福）呢？

其实这是有可能的。一个简单的反思是：在大家的学习生涯中，有没有这样的美好时刻——大家学得非常累，但又兴高采烈？我本人就曾有不少这样的美妙时光。我的小学、初中处于"文革"时期。那时我最幸福的时光，是在我非常贫穷的家，躲在简陋的阁楼上一个人读书，读我父亲中师的教材。大家知道，"文革"时期基本没有课外读物，父亲的教材就是我的"教辅"，是我乐于阅读的"教辅"。比如我初中学数学，学到哪里了，就从父亲《几何》《三角》《代数》的课本里面找对应的练习题来做。那种对于知识的自由学习，有游戏一样的喜悦。其实学习和游戏之间，有着非常有趣的关系：真正好的游戏一般具有教育性，即游戏是一种学习。同样，真正好的学习能吸引学生的内在兴趣，真正好的学习是具有游戏性的。我在初中时，非常着迷于寻找解平面几何题的辅助线。有时候全班同学都不会，喊我去，我瞧两眼就能找到那条神奇的辅助线——有了辅助线再难的题目也会迎刃而解。为此我到处找这种难题来做，因为我内心充满欢乐，也就是幸福感。

这样的故事几乎每个人都有。它有力地说明，如果我们认真去改造我们的教育，是可以当下就幸福的。无论小学、中学，任何学段，学生不要只是为了未来的幸福去学习，学习是可以当下就幸福的。关键问题是，教师要改变我们给学生提供的学习生活，或者说我们要改变我们的教学模式、教学内容、教学方法等，让儿童因为内在的兴趣、动机投入学习。让孩子们为学习生活本身着迷的教育，就是孩子们当下的幸福生活！当然，要造就这种幸福的教育生活，有一个基本前提是，老师要努力——其中一个重要的课题是专业能力的建设问题，另一个非常重要的课题是师德建设问题。

总之，为幸福而教，首先要考虑学生，为学生当下的、未来的幸福而教。而这需要我们为师者首先做某种基于教育观念的改变！

## 2. 教师角度

教师这个职业，基本上是奉献的逻辑。教师的成就不是自己身上的珠光宝气，而是他的作品——学生。教师的使命所向也只能是学生的发展。教师这个职业收入不会太高。全世界教师的收入都不会太高。我们当然鼓励政府、社会不断改善教师的待遇，给予教师精神上应有的礼遇。但世界各国的教师，尤其中小学教师，都不是社会中最富裕的阶层，这也是普遍事实。但这不等于说，教师工作的价值不如那些最赚钱的工作的价值。道理其实很简单：教育是人的再生产。现代社会，几乎所有行业最伟大的人物都离不开学校教育的哺育。无论科学家、政治家、企业家还是工人、农民，社会上那些伟大或者普通的人，有几个不是学校教育培育出来的？可以毫不夸张地说，当下以及未来的人类文明及其发展，其实取决于一个看起来非常普通的行业——教育，或者说教师的工作。换言之，教师这个职业收入不高，但是最有意义，也最有可能获得幸福。

但是，很多教师不一定觉得自己是特别幸福的。相反，大家每天都有很多烦恼，有的来源于工作，有的来源于工资待遇、社会地位，等等。这一类教师，的确是不幸福的。而如果教师不幸福，后果很严重。第一，对教师个体来说，从二十几岁大学毕业开始工作，到六十多岁退休，这段时间是人生另外一段最宝贵的时光。退休以后再精彩，也是"夕阳红"了。如果一个教师在其工作期间每天都是不幸福的，那么他这一生也就基本是不幸福的了，因为人生中最重要的一段时光是不幸福的！尤其是中小学教师，他们大部分工作时间是在学校度过的。如果人生中最美好的大部分时间都不幸福，对教师个体来说，显然是最不好、最不人道的事情。第二，教师这个职业是培养人的，如果教师不幸福，最大的问题是会影响对学生的教育。一方面，一个成天打不起精神的教师，不可能有很好的教学效果。另一方面，教师的这种非常不幸福的面孔，在道德教育上也有负面影响。学生会想，我决不做教师这样的人，而这意味着，学生不想遵守教师所遵守的道德规范。教师的工作应该展现"德福一致"的伦理规律。如果他能把生活各个方面处理得很好，比如将老人赡养得很好，同事关系处理得很好，跟学生的关系非常亲密，因而非常幸福，这样阳光、幸福的教师在德育上有正面的示范效应。相反，那些愁眉苦脸地遵守道德却生活悲惨的教师，会吓跑自己的学生！所以，于私，不幸福的教师其个人生活是悲惨的；于公，不幸福的教师有可能在德育、智育或全部教育领域都不是一个好榜样。所以我以为，"为幸福而教"，对教师和对学生都是非常重要的人生命题。幸福关乎教育的最高宗旨，幸福就是教育的最高宗旨。

"为幸福而教"的理由很充分。但是完成这一命题的关键之一在于人们对于"幸福"概念的准确认识。如果对幸福概念的理解出了问题，这一命题就会十分肤浅、一文不值，甚至贻害无穷。

## 二、什么是"幸福"？

为了准确界定什么是幸福，我们不妨做两个思想试验。

首先，我们问：一个幸福的妈妈，她作为妈妈的"幸福"里面，最重要的因素是什么？假定一个妈妈，是寓言故事里面讲的恶毒的后妈。她看见丈夫与前妻的儿女健康成长的时候，她会有幸福感吗？不会，她会很生气，因为她巴不得这个孩子从地球上消失，所以她很不幸福。因此，母亲的幸福是有条件的。有正常母亲的愿望是其幸福的第一个条件。此外，如果一个母亲有正常的母亲的愿望，即希望自己的孩子健康成长，但孩子却常常在身体、学习上出问题，她会幸福吗？当然不会。孩子发烧的时候，妈妈是不幸福的；孩子学习成绩不好的时候，妈妈是不幸福的。所以母亲要幸福，需要有两大基本条件：一是作为母亲她有母亲的正常心理——希望孩子茁壮成长；二是她能够使这一母亲的愿望得以顺利实现。也就是说，妈妈的幸福有两个条件，一是希望孩子好，二是这个想法能实现。

其次，假设我是小学数学老师，我要获得数学教师的幸福，是不是也要有相似的两个条件呢？如果我根本就不想当老师、根本不在乎学生，孩子们考了高分，即便我有某些喜悦，跟那些朝思暮想希望自己的学生成绩提高的老师比，谁的幸福感更强烈？当然是后者。因为后者十分在意学生的学习。因此，一个数学老师幸福的首要条件是他想做好数学老师并希望自己学生的数学成绩好。我们再假定，当数学老师上课的时候，看到满教室的学生都瞪着眼睛疑惑不解地望着自己——怎么讲学生都听不懂的时候，数学老师着急不已，此时此刻，他会幸福吗？当然也不会。所以数学老师幸福的第二个基本条件在于老师有方法使学生听懂、实现做好教育工作的愿望。只有这样，他才能成为幸福的数学老师，每天都乐颠颠地工作。我曾经不止一次见过这样幸福的老师。很多年前在杭州一所小学，看见一个年轻老师跟自己的校长撒娇地说了这样一句"抱怨"的话："朱校长、朱校长，我今天累死了！"我当时就对朱校长说，你们学校，非常好！朱校长问，为什么？你刚进学校大门，怎么知道我们学校好还是不好？我解释说，就因为这个青年教师撒娇式的"抱怨"——虽然只有这一句话，但足以证明学校在很多方面都是不错的。比如，第一，老师可以跟校长撒娇般说话，说明干群关系好。第二，也是最关键的，这个老师此时此刻是幸福的。她撒娇似的抱怨，说明此时此刻工作的辛苦与内心的幸福是紧密相连的。她很累，但她很幸福。而老师一旦幸福地工作，其教育实效也就一定差不了……

从以上妈妈的幸福、教师的幸福这两个例子，我们可以得出结论，幸福概念最重要的因素有两个：目的性、自由实现。所以我在拙著《教师伦理学》一书中给幸福下的定义是：幸福是人的目的性自由实现的人生状态。幸福和幸福感联系在一起，但它们是两个概念。幸福感是主观的，幸福是客观的，是一种生活状态。人生幸福最大的奥秘，就在于人之为人目的性的自由实现。

如果知道幸福的定义，我们就可以回答很多问题，例如，富有与幸福的关系。这是一个重要、严肃的命题。富有，如果和目的性、自由实现联系在一起，可以做很大的事业，可以获得很大的幸福，可以帮助很多人获得幸福，当然首先是可以帮助自己获得最大的幸福。但如果我们只是富有，不能满足人生的目的性、自由实现这两大条件中的任何一个，那么生活幸福就是不可能实现的生活目标。也就是说，幸福的定义已经告诉我们，如何才能获得幸福生活。

### 三、怎样实现"为幸福而教"？

如何才能在教育中获得幸福，怎样实现"为幸福而教"？我们还是再回到学生、教师两个维度作一些研讨。

### 1. 对学生而言，为幸福而教意味着什么？

学生是否幸福，是否终极幸福，是否当下幸福都很重要。教育如果摧毁当下幸福，而只是为幸福生活作准备，这个逻辑是荒谬的。杜威等教育家也多次批判这一荒谬至极的逻辑。同时，如果我们现在不为学生未来的幸福生活创造最基本的条件，那我们对学生的教育也同样是不负责任的。综合地看，如果我们真为学生着想，教育最重要的是要做两件事：第一是学业的发展，第二是人格的发展。换言之，如果这两个方面的任务都完成了，学生学习生活就不仅有"目的性"，而且还有"目的性的自由实现"，学习生活就是幸福的时光。

在学校的教育或者学习生活领域，目的性及其自由实现的根本要求很难，但也很简单。

首先，教师必须努力让学生发现每一个科目都是迷人的，让学生有"内在的学习动机"。相反，所谓"外在学习动机"就是指动力不是来自学习本身。为了学习以外的好处而学习，当然离学习的乐趣相对遥远。而有了内在的学习动机，如我前面所举的自己的例子，我对平面几何着迷，再难的题目都愿意解决，再难的题目都是迷人的，再难的题目都是幸福的源泉。其实这种奥秘是普遍规律，不光在数学领域。在课业成绩提高上，最重要的是帮助学生发现内在的学习动机，要让孩子跟打游戏一样乐此不疲、兴趣盎然地完成各科目的学习。这样学习，学生可能非常累，但肯定非常幸福。

教育现实中，我们有些讨论往往是无谓的。比如一些教育主管部门，为了遏制应试教育的弊端，出台许多善意但"一刀切"的硬性规定，如每天写作业不超过一小时，这种做法可能有值得商榷之处。因为这样的规定，从教育学专业的角度分析可能是大有问题的。首先，学生记忆的效率是不一样的，有些学生需要通过更多的重复才能记住一些东西。对于需要重复记忆的学生，留更多作业是有必要的。其次，作业不等于痛苦。比如，我自己最快乐的时光是在阁楼上看书，我没觉得我的幸福比小伙伴们在外面捉迷藏少！我的作业不仅不是我的负担，反而是我幸福的源泉，也是幸福生活本身。从这个角度看，不让学生做某些作业反而是不道德的。作业当然应该是合适、适度的，但不能非常强硬地规定一个硬性标准。关键问题在于，是什么样的作业，什么课的作业，什么样的老师布置的作业……如果教师能够发动学生内在的学习动机，学生自己都在满世界找题做，作业就是学生幸福的源泉，而不是学生的负担。

依据目的性、自由实现两大条件，要让学生获得学习生活的幸福，一方面是要让他们获得内在的学习动机（目的性），另一方面则是发展他们解决学习困难的能力（自由实现）。一个真正关怀学生的教师，不应只是对学生微笑、给学生拥抱，最根本的是要有能力帮助学生有效地解决具体问题，使之获得长远发展。关于这一点，限于篇幅，这里就不再赘述了。但我们可以十分肯定地说：为幸福而教，首先就是要让我们学校教育里的每一节课都成为生动活泼的、生机勃勃、充满人道精神的幸福时光。

为幸福而教，对学生而言，第二个维度是学生的人格成长，其核心当然是德育。

德育的内容很多，最重要的内容之一应当是理想教育。在现实的教育中，最可怕的是应试教育已经消灭了许多孩子的人生梦想。习主席近年提出"中国梦"的概念，我认为十分重要。但中国梦的实现，也要求我们每个人都有自己的人生梦想。而应试教育所扼杀最多的，恰恰是孩子的梦想。有的孩子说，我有"梦想"啊，我的梦想就是考上好大学、考上好大学后找个好工作。须知，这不是严格意义上的、人生意义上的终极梦想。相反，这些庸俗的功利主义的生活目标感性而肤浅，往往会遮蔽学生真正的人生梦想。真正的人生梦想，指的是"人生要为一大事而来"里面的"大事"。学校教育要创造条件让学生获得正确的价值观、人生观，有自己人生上的"大事"，也有足够的人生智慧去完成自己的"大事"，也就是具备幸福生活的两大基本条件。

所以，教育要真正对学生负责，就不仅要让学生有内在的学习动机，还要让学生有基本的德商，有自己的人生梦想，也有实现梦想的主观能力、正确途径与方法等。"为幸福而教"，实在是一个教育人道主义的基本原则。

## 2. 对教师而言，为幸福而教意味着什么？

如前所述，幸福是人的目的性自由实现的人生状态。教师幸福的实现，也要从目的性、自由实现两个方面来谈。

先谈目的性这个条件。我认为：那些成天混日子、根本不在乎自己的工作和学生的老师，不仅不是好老师，也注定是不幸福的老师。依据目的性要求，老师要获得幸福生活，尤其是教育领域的幸福，首先要有教育的"事业心"。梦想越大，幸福的指数就有可能越高。相反，一些老师就会常常产生职业倦怠，甚至希望改行。但是，换工作不是解决职业倦怠问题的根本办法。依据幸福的原理，克服职业倦怠的办法，更重要的是要确立自己的职业梦想、提高成就动机的水平。职业倦怠，主要不是简单的心理问题，其根本在于职业生活意义的缺失。因此，要从根本上解决职业倦怠问题，就要靠"幸福疗法"（"意义疗法"），即让工作变得有意义，这样才能解决工作意义的缺失问题。因此，无论做人还是做老师，我们都要大气，要有自己的"雄心壮志"。我们可以想象：一个老师如果不再满足于"对付工作"这样极低的职业生活目标，而是发自内心希望做苏霍姆林斯基、做中国的教育家、做世界上最伟大的教育家，那么他每天都有解决不完的教育课题，忙都忙不过来，何来职业倦怠？

我们再来谈谈目的性的自由实现这个条件。教师的幸福，不是仅有好的愿望、梦想，还需要有实现教育梦想的专业素养，包括学科专业、教育专业以及职业道德等。一个专业上无能的教师，即便有美好的梦想也只可能遭遇无穷沮丧而非收获莫大幸福。一个在道德上让人侧目的教师，其教育梦想实现的效益肯定低下，本该拥有的教育幸福也会烟消云散。

从这个意义上说，为什么要培养教师职业道德？我以为培养师德纯粹是教师的"为己之学"。孔夫子说："古之学者为己，今之学者为人。"（《论语·宪问》）孔子认为一个人学习，应当是为了自己安身立命、为了修炼和成就自己。同理，我认为教师修养职业道德如同提升自己的专业能力一样，也完全是一种"为己之学"。教师职业道德本不应该是贴在墙上的那些冰凉的条款，也不是某些教育部门领导人强加给我们的外在的工作纪律。为他人（学生）的幸福，尤其是为自己的职业与人生的幸福着想，教师也必须非常自觉地培养职业道德。

我坚信：如果我们每个老师都能够践行"为幸福而教"的原则，也就必定同时在为社会文明的进步、为中国梦的早日实现作出自己最真实的贡献。

（本文为作者2014年5月16日应邀在首都师范大学所作演讲的录音整理。）

# 专业伦理建设是班主任专业化工作的核心

最近几年,"班主任专业化"和"教师专业化""教学专业化"等概念一样被越来越多的教育工作者关注。

无论是"教师专业化""教学专业化",还是"班主任专业化",就教育专业层面分析,其主要内容包括专业伦理建设与专业技能提升两大维度。而就班主任专业化而言,虽然两个维度都十分重要且相互影响,但是如果我们希望寻找这一任务的核心或灵魂,则非专业伦理建设莫属。

首先,从专业伦理方面本身来看,我们可以认定,是班主任工作的教育属性决定了班主任专业伦理建设的极端重要性。两百多年前德国著名教育学家赫尔巴特说过两句至理名言:"没有离开教育的教学,也没有离开教学的教育。""全部教育的最高目的是道德。"我认为对于班主任工作而言,这两个命题最为切适。因为无论是班级的制度管理、班级活动的开展或者个别学生的教育工作,班主任所做的都是中国中小学的"教育"工作,或者干脆就是"德育工作"。当然,这里的德育是最广义的概念,除了关于如何做人的基本品德教育之外,可能还包括政治、思想教育、心理健康教育等。如果班主任本人在道德、人格上有问题,则会在日常生活中给学生以坏的示范(反德育);如果班主任有十分自觉的专业伦理意识、恪守专业伦理,则不仅会给学生正面的道德示范,而且会在班级制度建设、人际关系氛围等方面形成良性的隐性课程,从而给全班学生带来专业的"教育"(或德育)。

其次,从专业技能方面来看,教育专业技能提高的许多方面实际上都与专业伦理建设密切相关。一方面,许多看起来是技术的问题实际上不是。比如,一些班主任刚接手一个班级就会马上"了解情况",

很快将学生分为"好学生""坏学生"——这就是教育界所深恶痛绝的"标签化"问题。从一定意义上说，正是我们的"标签化"的活动生产出了许多"坏学生"或"差生"，同时也惯坏了许多"好学生"。可是这种班主任工作的技术性问题实际上是专业伦理问题。如果班主任珍爱自己的每一个学生，讲究教育公正，"标签化"问题在技术上就很容易解决。再比如，许多班主任苦恼学生对班级事务的参与不热情，从表面看来这只需要通过一些"技能"去发动学生，但实际上有可能是师生关系或者班级制度的不公正削弱了孩子们参与班级公共生活的积极性。在这样的情形中，什么样的技术都不如建设合道德的人际关系或班级制度来得重要。另一方面，还有一个更重要、更自明的理由在于班主任工作的动力与技能的关系。如果没有内在的动力，我们有什么办法有效地动员班主任去追求专业技能水平的提高呢？没有对于班级管理与教育意义的真实体认，即使掌握了专业技能，班主任也可能没有足够的热情去应用！

  当然，班主任专业化的核心是专业伦理建设，这个命题的成立丝毫不意味着对班主任专业技能提升重要性的否定。如果专业伦理建设得以顺利推进，则班主任所有工作"教育性"的落实都需要通过实实在在的专业技能提高去实现。如果我们认可班主任专业化的重要性，则如何实现这一专业化就自然成为最重要的课题。

  （本文以"专业伦理建设是核心"为题发表于《中国教育报》2009年3月27日。）

# 个性自由与价值批判

## ——"素质教育"理解中的两个问题

作为一个实践范畴,"素质教育"概念内涵界定的一个进步是不再将素质教育同"应试教育"相对,而是将它同"全面提高国民素质和民族创新能力"联系起来,即素质教育作为一种理念,不再只针对某一种教育的弊端而转,诉求某种正面价值的倡导。但是,仅仅注意到倡导教育之"全面提高国民素质和民族创新能力"的使命还远远不够,在一些有关素质教育的教育观念上还需要进一步改进。这里只谈两点体会。

第一,什么叫"全面提高国民素质"?

许多人平面化地理解这一问题,认为就是德、智、体、美(或罗列更多的项目)几个方面的全面发展。这其实是错误的,也不符合马克思主义。马克思讲的全面发展首先是人的个性的自由和全面发展。这中间既有体力劳动与脑力劳动的统一,智育、体育、综合劳动技术教育等方面的全"面"发展的意思,也有人对异化劳动的克服,求得个性自由,最终达到"建立在个人全面发展和他们共同的社会生产力成为他们的财富这一基础上的自由个性"[①]的价值内涵。而且应该说后者才是全面发展理论的核心。换言之,马克思关于人的全面发展的学说是"立体"的而非"平面"的,全面发展的灵魂是个性自由。如果这样理解,应该说,"全面发展"中已经内在地存在一个创造性的培养的问题。今天我们谈素质教育与创造性培养的关系,必须建立在中国教育对符合一定历史条件的自由个性的认可、倡导和培养的前提之

---

[①]《马克思恩格斯选集》第1卷,人民出版社1972年版,第266页。

下。"全面提高国民素质"如果被作为一个立体的概念加以理解，就应当包含对于学生自由个性发展的充分关注。

第二，创造性培养是不是仅仅是智育领域的事情？

这在理论上没有问题。德育、智育、体育、美育，教育的每一个教育领域都应该培养学生的创造性。但现在的问题是，基于中国教育实际，在智育领域里谈创造性名正言顺，在德育领域谈创造性就会举步维艰。许多人不太放心让学生发展自己独立思考、理性批判的能力，认为可能"出乱子"。但是问题在于：（1）我们不能在此处培养创造性，在彼处不允许个性发展（这不仅是逻辑问题）。所以要实施真正的素质教育，就不能不提出在德育过程中注意学生的价值批判能力的培养问题。（2）在一个高度信息化因而同时是价值多元化的社会，不培养学生价值上独立的批判、选择能力，我们所能做的就只能是——要么愚弄学生，要么教学生撒谎。当然，这样做都只能是自欺欺人。（3）"全面提高国民素质"含义中重要的一点是人的品德素质，素质教育的最重大的课题之一是如何提高德育实效问题。而要真正提高德育实效，首先应当从培养学生的道德学习主体性开始。德育领域也应当从现在开始研讨如何培养价值批判和创新能力的问题。

以上两点虽是管中窥豹的结果，但是我个人认为，对正确理解和全面实施素质教育十分重要。谨此呼吁。

# 学校美育需要点什么?

改革开放以来,中国的学校美育已经有了十分显著的成就。随着"美育"的地位在国家教育方针中得到更加明确的肯定等有利因素的增加,中国的学校美育已经面临一个更好的发展阶段。但是,学校美育在取得长足进步的同时也存在一些令人忧虑的问题。所以中国的学校美育迫切需要有一些调整与提升。

学校美育需要点什么?以下谈三点个人的感受。

## 一、美育需要灵魂

美的精神是什么?美育的灵魂是什么?这是美育工作者不能不经常反省的问题。在中国的美学家中,李泽厚说美是自由的形式,蒋孔阳说美是自由的形象,高尔太说美是自由的象征……他们对美的界定中都有一个相同的内容就是肯定美是一种"自由"。从现代学校美育的实践看,美育之所以重要也在于它能够使学生在审美和立美的生活中欣赏、获得人性的解放和个性自由。因此,如果说美育有一个灵魂或精神的本质的话,那么它就是对主体的自由和解放精神的弘扬。

目前的学校美育在百花齐放、色彩缤纷的同时也有许多与美育精神不相和谐的音调存在。一些学校只将美育作为向外人展示的应景事物,而不下校内教育工作的日常功夫;一些教师着眼于培养少数艺术尖子,而置美育对全体学生的心性陶冶的根本任务于不顾;更有甚者,在一些学校的美育活动中,学生完全被视为成人利益的工具而存在,被玩弄于股掌之上,毫无自由可言。笔者参加过一个全国性的美育研讨会,东道主为了表示对美育专家们的热情欢迎,不惜牺牲学生的正常课业,让全校初一到高三的中学生列队院中、手持鲜花、扭动身躯、高喊"欢迎!欢迎!",令人不寒而栗。如此活动,是美育还是"丑育"?答案不证自明——学生手中的鲜花也许是美的,主办方欢迎会议代表的热忱也许令人感动,但是这个活动及其潜在课程却分明是丑的,因为它给学生的只有奴役而不是自由。所以,扎实的美育需要我们经常反思什么是美育、美育的灵魂是什么等这些抽象但涉及根本性的问题,否则,表面上的热热闹闹之后,剩下的却是一堆心灵的瓦砾。

## 二、美育需要风格

曾经有报载,一位美国的教育专家在北京某校观摩了一场课堂教学之后,对中国学校的课堂教学赞不绝口。但是当他南下上海、广州看到的几乎全是北京那堂课的复制品之后,不得不表示震惊和遗憾。实际上,中国教育的最大弊病之一正在于它缺乏不同的风格。本来审美或立美及其教育活动是最需要讲个性、讲风格的。但是中国的学校美育目前最大的问题之一也在于不讲风格。一样的歌、一样的舞,一样的课堂教学、一样的展示模式……在偌大的中国美育舞台上,能够相互区别的节目少得惊人。所以中国的学校美育已到了应当注意追求风格的时候了。

所谓的美育风格既指民族风格,也指地区、学校特色和具体美育过程中教与学的特色。只有各国美育确立各自的风格,世界美育才有活力;只有各地、各校、每一位教师都有自己的美育风格,中国的美育才能够获得真正的生命力。在江西省樟树市,有一个农村中学——清江中学,他们无法具备北京、上海、广州那样优越的美育条件,但是他们利用了一个最廉价的美育工具——广播。一年多来,他们组织全校学生不间断地收听中央人民广播电台每周一次的《周日特别奉献》节目。来自全世界的真善美的事迹伴随着优美的音乐源源不断地流入学生的心田,既是美育,又是德育,真可谓"美善相谐"!学校美育应当像江西这所农村中学那样因地制宜、因校制宜，甚至因人制宜，扬长避短，生动活泼。果真如此，万紫千红的美育局面就不难形成。

## 三、美育需要生活

在美育概念体系中，有小美育（艺术教育），也有大美育（自然、社会和艺术美育）；有形式上的美育（美育课程），也有实质性的美育（精神陶冶）。两对概念的后者都是将美育与真正的生活联系起来。换一句话就是：真正的美育应当成为一种"生活"。

要使美育成为一种生活，艺术和非艺术的审美或立美活动就不能仅仅停留在形式的层面。它应当渗透进校园生活，成为无处不在的风景。这就要求至少做到以下两点。第一，学校环境中应当尽力杜绝"丑育"现象。我们在参观一些学校时，常常会看到一些质量低劣的绘画、雕塑和音乐存在于学校环境中。其结果是由于教育者自身欣赏品位不高，他们正在进行的美育的实际效果也就适得其反。这一点值得我们警醒。第二，要使美育与教学合一。换言之，不仅要挖掘各科教学中的美育资源进行适时和适当的教育，而且应当确立教学美、教育美的观念，使每一堂课本身成为一种美的存在。比如，当我们赞叹听某人的课简直是一种艺术享受时，我们就是在接受美育。所以，除了自然美育、社会美育、艺术美育之外，还应当提倡教育（教学）美育。在学校生活中，时间被最多地分配在教与学上。一旦我们认真地确立了教育美育的观念，真正的审美环境和美育"生活"就会形成。生活在这样的情境中，谁都会其乐融融！教育美育应当成为美育乃至整个教育应该追求的最高境界。

［本文原系作者在全国美育年会（2001，上海）上的发言，后以"中国美育还需要点什么？"为题发表于《人民教育》2002年第2期。］

# 第二辑 忧 虑
Anxieties

◆◆◇

有识之士已经说过"再穷不能穷教育"。有良知的人都应当补充一句:"再脏不能脏文化!"如果大学、研究所这样的地方都污秽遍地,国人如何能做到安枕无忧?

# 中国教育学者的三大悲哀

中国教育学和教育学者的羸弱与地位低下，在钱钟书先生的《围城》中已经被调侃到了极致：学中文的瞧不起学哲学的，学哲学的瞧不起学教育的，学教育的再没有什么能够瞧不起的了，于是教育系的学生们只好瞧不起他们的先生……

许多年过去了，这一状况并没有得到实质性的改观。以中国教育学者所处的境况来说，至少存在三大悲哀。

第一，中国教育学不被官方认可。尽管许多教育学家做了种种努力，教育学的研究仍然被视为严重脱离实际的吃干饭的领域。一些教育行政部门的许多重大决策的制定往往没有教育学者的真正参与。即使偶尔有，教育学者的存在意义也只相当于做了几回"学术"秘书。教育学的批判精神常常被理解为对行政部门的"不合作"，因而不被认为是教育学家对教育决策的真正与独特的贡献所在。于是在教育学家们的众目睽睽之下，教育决策按照"跟着感觉走"的模式运行的态势，似乎永远没有尽头……

第二，中国教育学不被民间认可。教育学的使命是改善学校教育的质量。所以即便决策部门不认可，倘若广大中小学、幼儿园等学校的实际工作者们接受某些教育学的知识，认为其真的有用，教育学者也有理由感到些许欣慰。应该说，近年来许多中小学已经明确提出了"科研兴校"的口号，教育学和教育学者似乎正在受到前所未有的"欢迎"。但是仔细观察就不难看出，真正希望改善儿童的生存状况，真正改善教育效果的学校和教师为数寥寥。"科研兴校"的真实目的往往是借科研和专家来装潢门面，以谋取某种与教育事业健康发展无关的实际利益。这一点只要看一看那些有许多"科研成果"的学校和教师，连教育学讲的最基本的规则都不理会的例子即可。

第三，中国教育学者不被自己的专业杂志认可。一个具体表现是，许多级别很高的杂志发表的文章不堪入目，而许多真正有价值的作品却以各种理由被拒之门外。其中一个重要原因是许多教育学专业杂志的主编、编辑没有教育学专业的起码修养。许多教育学专业杂志的编者只是学中文、哲学，甚至是学化学、物理的，学历也不高。由于编审合一的体制，教育学专业的硕士、博士、博士生导师的论文统统由非教育专业出身的学士们评判水平的高低，决定发表或不发表。然后学者们再依据发表文章的杂志级别和发表次数去评价同行的学术水平，评聘教授或研究员……一个学科的杂志是一个学科的门面。中国教育学者的悲哀莫过于在自己的专业杂志上遭遇了这种尴尬。

中国教育学者的上述悲哀的原因是复杂的。有宏观的和体制上的原因，也有教育学者自身的原因。对于教育学者而言，戒绝浮躁、认真研究，提供有分量的学术以贡献社会，是最根本的出路之一。但教育学者也需要社会理解学术的价值所在，欢迎而不是拒绝来自学术的批评；需要真正地在实际工作中拥有更多的教育事业上的同志；需要中国教育学杂志编审分离制度的建立……这也的确是中国教育学术病态景观改造的必由之路。

# "学术腐败""学术贿赂"与"学术打假"

近年来国家加强了惩治腐败的力度,且已初见成效,最近中共中央又专门发文加强执政党的党风建设,惩治腐败的力度将进一步加大,均可谓大快人心。然而由于种种原因,我们也应当看到,腐败已经像恶性肿瘤一样在许多方面扩散开来。就本来应该相对纯净的学术领域来说,如何反对学术腐败、学术贿赂,进行学术打假,也是一项十分艰巨的任务。

何谓"学术腐败""学术贿赂"?

所谓"腐败",最简明的定义就是指一个事物失去其本质,面目全非、黑白颠倒。学术腐败即是如此:科学研究不讲科学精神,假研究、假数据、假论证、假成果纷纷出笼,谓之腐败;学术工作者,如一些教授、研究员、硕士生导师、博士生导师、学术团体负责人等不懂学术、"外行领导内行",斯文扫地,谓之腐败;学位论文大肆抄袭,学位廉价出售给巨贾高官,一些号称要建设"世界一流大学""世界知名大学"的大学不以为耻,反以为荣,认为这是一种"改革开放"精神的体现,真可谓天良丧尽、恬不知耻,更是一种严重的学术腐败兼学术娼妓的行状。如此等等,不一而足。

学术腐败既已发生,学术贿赂也就应运而生。行贿者最初以函授、夜大的文凭做"资本积累",在尝到甜头之后,逐步将行贿的方式升级为给一些特定人群提供硕士、博士研究生考试、招生、培养、颁发"货真价实"的文凭等方面的"一条龙服务",或者干脆聘请一些人为荣誉博士、兼职教授之类,可谓媚态百出、丑态百出。受贿者则面不改色心不跳,对于学术贿赂比接受金钱、美色更为坦然地予以笑纳。而对于许多"高品位"的受贿者来说,金钱、美女往往不难抵挡，难以拒绝的就是来自学术方面的"高雅贿赂"——因为顷刻之间，不费吹灰之力，即可成为硕士、博士、教授、博士生导师、学术团体的掌门人，成为一些人乐于标榜的所谓的"儒官""儒商"，反过来傲视那些"没有文化品位"的同侪，当然也更傲视那些白首穷经的酸儒、腐儒们，其获得病态的心理满足大大超过金钱、美色。于是乎，学术贿赂与学术腐败两者狼狈为奸、推波助澜，已经蔚然成为中国社会一大奇特的病态景观。

学术腐败、学术贿赂的发生，从一定意义上说，倒是社会进步的产物。因为它至少证明"学术"两字在一个高科技时代已经变得值钱，"九儒十丐"的历史正在结束。但问题是：学术腐败、学术贿赂所彰显的危险远远大于所谓的"进步"意义。主要依据是：

其一，学术腐败、学术贿赂是以消灭学术的方式来象征"进步"的。日本巨商曾经想用亿万资助让牛津大学在日本办一学院的分院而遭拒绝，美国的卸任总统曾经希望担任某著名高校的教职而不得。不是因为英国和美国的高校不缺科研经费，而是它们十分清楚：学术发展不能以牺牲学术的独立精神的方式去获得。因为没有独立、自由，就没有真正的学术！目前中国社会存在的学术腐败、学术贿赂恰恰是以牺牲学术研究的独立性、学术研究者的尊严去争取权力、经费的"支持"的。问题在于：如果没有真正的学术精神、学术机构、学术研究者，我们不惜一切代价换取来的这些支持究竟要干些什么、如何干、由谁来完成呢？

其二，学术腐败、学术贿赂是以泯灭良知的方式来求得"进步"的。高等学校曾经被人称之为"社会的良心"。就是说，即使社会的其他角落问题再多，人们也应当有希望在高等学府、科研机构中得到真理、正气；社会上腐败分子再多，人们也应当有希望在高等学府、科研机构中寻找到一批与"浊流"相抗衡的"清流"！学术腐败、学术贿赂的存在让人不寒而栗的是：有一天，这"社会的良心"将泯灭殆尽。因为大学也在行贿，学者们也在"傍款""傍爷"。如果将来有谁跟"款"们、"爷"们有冲突，大学的答案就只能是"款"对、"爷"

对，真理不对！社会发展所需要的严肃的研究成果、国家决策所需要的严格的学术支持将无处可寻。更为可怕的是：人们既然连科学和学术都不敢相信了，还能相信什么？

其三，学术腐败、学术贿赂是以毁灭文化的方式来"服务"社会的。曾经有报道说，一位中国记者发现在德国也有人闯红灯，不守交通规则。一位德国人坦然承认这一事实，但是紧接着又马上补充说：我们德国人决不在有孩子在场的情况下闯红灯！学术腐败、学术贿赂的最大危险是犯罪现场主要存在于高等学校、科研机构。这些地方是文化的所在、教育的所在。有识之士已经说过"再穷不能穷教育"。有良知的人都应当补充一句："再脏不能脏文化！"如果大学、研究所这样的地方都污秽遍地，国人如何能做到安枕无忧？

有了学术腐败、学术贿赂，当然也就催生了五花八门的学术上的"假冒伪劣"。故"学术打假"就成为中国社会尤其是中国大陆学术界的当务之急。就像任何一项打假活动一样，学术打假也应当多管齐下。首先是学术界的自律。学术界应当澄明本心、维护自尊，重新找回学术的自由与自信，自己不做自毁长城的事情。因为在市场经济的今天，我们最缺的实际上正是我们所忽视的独立人格和"学术精神"。其次是资源拥有者们的自律。在别的领域尚且不能乱来，在对待学术贿赂上就更应当多一份良知——因为接受学术贿赂者多是知道学术之不可或缺、不可羞辱者。第三是加强制度建设。让学校发展、学术研究必须获得的资源可以通过公开、公平、公正的渠道获得；让制假者、行贿者、受贿者无缝可钻；让敢于以身试法者声名狼藉，失去其权柄、荣光与利益，从而血本无归。只有这样才能真正地防患于未然、长治久安。如此，则文化幸甚、民族幸甚、国家幸甚。

（本文发表于《社会科学论坛》2002年第4期。）

# 我们为什么要反对灌输

这组论文是一个以"灌输与教育"为主题的研讨的成果。博士生们集中讨论了"灌输"这样一个古老、普遍而又具有重要现实意义的理论话题。四篇论文都从不同角度为我们正确理解灌输及其作用提供了有创造性的意见。

需要说明的是,人们反对灌输实际上是反对"强制灌输"。其理由主要有三:第一,从科学的角度看,人们反灌输是因为灌输不能很好地解释教育实际发生的内在机制——同样的教育在不同个人身上效果不同等。第二,从价值的角度看,灌输,尤其是价值上的强制灌输的确有违时代精神,有不民主、不人道的问题。第三,从战略的角度看,现阶段反对强制灌输,无论是在德育领域还是别的教育领域,的确是中国教育现代化的当务之急,即从现实最迫切的任务角度而言,反对灌输总体上是正确的。

如果考虑到以上对于灌输的批判,结合这四篇论文去思考,我们也许会得到一个对灌输与教育关系的相对理性和辩证的理解。

(本文是为《高等师范教育研究》编辑部的一组关于"灌输"讨论文稿所撰的《编者按》。)

# 反对抽象的人道主义

随着中央政府对教育事业关心力度的加强,素质教育以及减轻中小学学生课业负担等具体政策措施的实施,中小学的教育正成为全社会关心的热点,教育事业的健康发展正面临一个重要的历史机遇。但是,由于种种复杂的原因,教育观念和实践中也存在一种抽象的人道主义的危险。这一危险表现在:第一,将素质教育、减轻课业负担等举措片面理解为对儿童的无条件的溺爱。第二,对许多教育手段、教育传统的性质作单向度的评价。第三,将许多短时期的暂时性措施看作绝对真理。

"将素质教育、减轻课业负担等举措片面理解为对儿童的无条件的溺爱",是指存在这样一种教育观念——似乎孩子的主要任务就是快乐、游戏,而不是学习。从教育规律的角度而言,儿童阶段往往是学习特定知识、提高特定能力的关键期,无视学习任务的客观性将对人类文明的进步产生消极影响。此外,中国是一个发展中国家,综合国力的竞争与儿童未来的生计都取决于孩子们今天的教育。因此,决不可以借"素质教育"之名将过去只存在于个别家庭中的对儿童的溺爱推广到全社会,形成抽象和危险的"爱"。在美国,儿童中心主义曾经在20世纪中叶受到过广泛的批判。在中国,"文革"时期对文化知识学习的忽视曾经使中国的文化、经济与社会发展大伤元气。这些教训我们切不可轻易忘却。

"对许多教育手段、教育传统的性质作单向度的评价"实际上是指一种教育思想方法上的形而上学。比如,如何看待考试、作业等教育手段?考试、作业本身是无罪的,就其现实的作用来看也具有两面性。过多的作业、过于频繁的考试等的确不利于学生的健康发展,是教育的大敌。但是没有适当的作业，就没有学习效果的巩固；没有必要的考试，就无法检验和矫正学生的学习。我们切不可只看一个侧面。又比如，如何看待家长对学生课业的关心？"杀母"事件之后，许多人都开始认真反思家长的教育观念和教育方法。这无疑是一个积极的现象。但是家长高度关心儿童的教育是中华民族的优良传统，也是我们必须记取的一个命题。中华文明源远流长，世界范围内华人子女的课业成绩优秀、事业有成等事实也都证明：高度重视子女的教育本身没有问题。所以，片面批判家长对教育的关心同样是我们应当避免的错误。

何谓"将许多短时期的暂时性措施看作绝对真理"？许多教育政策都是针对具体的教育现实的，不能将对教育政策的理解绝对化。比如，目前教育部门为了推行素质教育、减轻学生过重的课业负担正在调整课程，使过多、过重的课业要求降低，是正确的。但是许多人进一步推论，认为降低课程要求是一种规律，是"时代的要求"，这又是错误的。从人类社会发展和教育发展的历史事实看，恰恰相反，由于人类社会不断进步的客观要求，由于知识的加速度累积过程及其加快的客观趋势，现在的学校课程难于过去的课程，将来的课程要求也必然会比现在要高。看不到这一趋势或规律，绝对化地理解课程、教学改革过程中的具体政策不仅是错误的，而且会贻害教育事业本身。

以上教育观念和教育实践中存在的问题，概括起来就是教育上的抽象的人道主义。这一错误倾向之所以是"抽象的人道主义"，不仅是因为它是形而上学的思想方法的产物，而且是因为它违背中国社会发展的实际，违背教育规律。在推行素质教育、减轻学生负担的今天，为了不使教育改革走向片面，有必要提醒学校、家长和全社会。

（本文发表于《科学时报》2008年2月24日。）

# 反对"学校崇拜",维护教育生态

最近一段时间以来,社会上存在一种现象,我们不妨称之为"学校崇拜"。

就像许多迷信现象一样,社会上的许多人将一些学校,尤其像清华、北大这样的高校看作包打天下的救世主。在一些人看来,所有的学科、所有的教师、所有的学生,只要与这些所谓的名校有一丁点的联系,一切都是"世界一流"的。理由很简单:因为它们属于某某学校。

这一"学校崇拜"已经造成了很坏的社会影响,如果不引起人们的重视,将后患无穷。在笔者看来,这一崇拜现象的主要危害有以下几点:

第一,不利于正常的教育生态的形成。学校崇拜已经使得正常的教育生态成为不可能的事情。"世界一流"本来只是一些名校的办学目标,目前它们的实际水平与这一目标尚有很大差距。而与这些学校处于同一水平的学校应当说还有一批。在一些领域,后者可能还比前者强。中国社会需要通过"百舸争流"的方式造就"世界一流",而不是靠人为牺牲其他学校的积极性的方式造成一个低水平的"猴子称霸王"的局面。

第二,不利于社会教育需求的平衡。无论高等教育还是基础教育,我们都需要不同类型的学校。不能设想让中国所有的考生都进清华、北大;除非将全国高校都变成它们的分校,否则清华、北大也无法满足数以亿计的中国家庭对于高等教育的渴望。今年北京就已经出现了许多考生都挤报某校一家志愿,最后需要靠行政干预才能勉强解决落选的高分考生的出路的尴尬局面。学校崇拜再这样继续下去,对于学生、对于家长、对于社会都将贻害无穷。

第三，不利于名校本身的发展。中国一直有"捧杀"之说。学校崇拜会造成一些被崇拜者的虚幻的自恋，使之想当然地认为"老子天下第一——至少在中国是这样"的自大心态。这样，他们的弱项就不仅被社会，也会被他们自己所忽略。而不思进取的夜郎自大的心态又会腐蚀这些本该加倍努力的学校的斗志。众所周知，整体上仍然落后于发达国家很多的中国教育实在经不起这样的"捧杀"！

不管是何种意义上的崇拜都是非理性的，都是迷信。是迷信都必须戳穿和防治。应当说，一段时间以来，一些新闻媒体的非理性炒作是学校崇拜的始作俑者之一。在一个存在媒体霸权的现代社会中，这本来也并不奇怪。不过我们需要提醒的是：现在是媒体和社会进行破除迷信、维护健康教育生态的时候了。

（本文发表于《瞭望》2001年第35期。）

# 对"有偿家教"及其行政处理方式的若干思考

最近一段时间,随着人们对于教师职业道德和学校德育等问题的关注,"有偿家教"问题引起了方方面面的讨论。笔者用 Google 搜索①,发现约符合"有偿家教"条目要求的查询结果竟然有 20,700 项之多。

在众多的讨论和关注中,有一类消息是特别令人不安的,那就是一些地方的教育行政部门对有偿家教问题的越权行政干预。比如,据 2004 年 8 月 28 日《光明日报》报道:"新学期南京市给中小学教师订立'三要八不准',进一步规范教师职业行为。在规定中尤其强调了不准教师对所任教学校的学生进行'有偿家教',不准索要或接受学生、家长财物等,对师德提出严格要求,违反者将清理出教师队伍。"目前明确规定教师从事"有偿家教"将予以行政处罚,最高处罚为"清理出教师队伍"(即开除)的地方行政机构远不止南京一家。那么,如何正确看待"有偿家教"问题?如何对"有偿家教"进行合理的规范?笔者愿意从教育社会学、教育伦理学、教育法学等角度贡献自己的一孔之见。

## 一、应当理性看待"有偿家教"现象

关于"有偿家教"现象,很多人都将之绝对地定性为"有违师德"的"走穴"行为,是一种"教育腐败"。我个人以为这一不加分析的认识是非理性的。之所以得出这样的结论,是因为在心平气和的

---

① 搜索时间:2004 年 10 月 4 日。

状态下，我们可以对"有偿家教"现象提出的问题是：第一，"家教"有问题吗？第二，"教师"从事家教有问题吗？第三，教师从事"有偿"家教有问题吗？而我们对这三个问题的回答可能会使以上简单、消极定性的草率一览无余。

  第一，"家教"有问题吗？显然没有问题。"有偿家教"现象的存在是因为"家教市场"的存在。其合理性并不完全是教育本身的"问题"所致。因为在现代社会，即使是最健康的教育系统也会产生"家教市场"。最主要的原因在于现代教育是以班级授课制为基础的集体教育形态。在一个教师必须面对数十名同学的情况下，完全彻底的"因材施教"几乎是不可能的。因此，至少三种特殊需要就此产生：第一，在课程学习上暂时落后的学生需要辅之以"家教"，以便他们能够有可能确立学习的自信，尽快与其他同学一起前进；第二，在课程学习上处于领先位置的某些学生也可能需要"家教"，因为他们希望在课堂之外弥补其在课堂上可能"吃不饱"的遗憾；第三，在某些方面有突出特长和兴趣的学生也需要"家教"，以获得有个性的发展。所以排除那些不利于学生健康成长的所谓"恶补"，"家教"存在的合理性当然是毋庸置疑的。在一些发达国家，已经出现"家庭学校"（homeschool，即儿童不再上学，在家庭中由具有教育资格的父母实施符合国家有关标准的基础教育）的教育形态，这也可以从另外一个角度证明"家教"存在的必要性。因此，"家教"的存在与某些媒体所说的"素质教育的呼声尽管越来越高，但应试教育的局面并未根本改变"无关。

  第二，"教师"从事家教有问题吗？当然也没有问题。原因是在正常情况下，教师仍然是对学科知识、教育技能和特定年龄学生发展状况了解、掌握最多的专业群体。这也是许多家长对现代教育十分不满，但是仍然会将自己的子女送交教师和学校的根本原因。此外，在"家教市场"中一个较为普遍的现象是，家长所请的家教，很多都是经过实践证明在学校教育教学中水平较高的教师。由他们进行的"家教"之所以受欢迎，是因为他们能够提供比较优质的针对性强的教育。

如果以上两个问题得以澄清，对第三个问题，即教师从事"有偿"家教是否有问题的回答就相对简单——我们不能只对"有偿"二字有意见。因为如果别的行业在日常工作之外从事"有偿"服务是天经地义的事情，唯独教师不行，这实际上已经构成了一种极端不公正的行业歧视。而且简单地否定"有偿"家教，对教师的合法劳动不予认可和尊重，最终肯定会窒息家教市场，不利于那些有特殊需要的学生和家长。这令人想起子贡和子路的故事："鲁国之法：鲁人为臣妾于诸侯，有能赎之者，取金于府。子贡赎鲁人于诸侯而让其金。孔子曰：'赐失之矣！夫圣人之举事，可以移风易俗，而教导可施于百姓，非独适己之行也。今鲁国富者寡而贫者多。取其金则无损于行，不取其金，则不复赎人矣。'子路拯溺者，其人拜之以牛，子路受之。孔子喜曰：'鲁人必多拯溺者矣。'"（《吕氏春秋·先识览·察微》）显然，孔子是道德高尚的"至圣先师"，其是子路而非子贡的思维值得我们借鉴。

在反对有偿家教的许多理由中，一些理由在逻辑上也是不周全和很难当然成立的。比如提得最多的两个理由——"有偿家教"会影响日常教学，"有偿家教"会"毒化"师生关系。应当看到，如果教师有适当的自律，"影响日常教学"并非必然；而如果没有自律，"有偿家教"之外也有许多影响日常教学的事情，比如打麻将、逛街、旅行、睡觉或从事其他第二职业等，显然我们无法禁绝后者。此外，如果"有偿家教"必然会影响师生关系，那么是否孔子也不会有正常的师生关系呢？——因为孔子在两千多年以前就已经开始带头收学生的"束脩"。如果"有偿家教"会影响师生关系，那么私立学校是否也一定不存在正常的师生关系？

因此，无论如何，在关于"有偿家教"的严肃的讨论之中，辩证而非绝对、理性而非自然情感的冲动十分重要。

## 二、应当理性实施对"有偿家教"的管理

我们说应当理性看待"有偿家教"现象,并不是要完全否定"有偿家教"对于学校教育产生负面作用的可能性。在现实中许多人反对"有偿家教"也是有理由的。因为的确有人因为醉心于"有偿家教"而疏忽了学校教育的责任。更有甚者,个别严重失德者已经在学校的课堂上有所保留,而诱导自己的学生到课外去消费自己的"有偿家教"。"有偿家教"会影响日常教学,"有偿家教"会毒化师生关系等虽然不是必然发生的事情,但是在现实中只要存在一例这样的"教育腐败",我们就有必要采取行动。但是这一行动仍然必须是理性的、有效的。从教育伦理与教育法学的角度思考,应当注意的问题至少包括以下几点。

第一,应当将"高尚道德"与"基准道德"分别对待。所谓"高尚道德"就是社会、群体或者个人所努力追求的较高的道德标准和境界,比如"为全人类的解放无私奉献""把一切都献给学生"等。对于"高尚道德",除极少数人能够趋近以外,社会大众一般都是"虽不能之,心向往之"。因此"高尚道德"可以倡导,却不可以用具体的师德规范,特别是行政法规的方式进行硬性规定。因为规定不合理肯定会无效。这就好比我们可以提倡"助人为乐",却不可以强制人捐款一样。而"基准道德"则不然,它指的是那些比较具体,一般能够做到而且应该和必须做到的基础道德要求,比如"在课堂上平等对待每一个学生""上课不迟到早退"等。"基准道德"可以用具体的师德规范,一些是可以用行政法规的方式予以硬性规定的,违背者可以予以相应处罚。如此,则对于教师在工作之外的"有偿家教"进行合理规范的方向不是用行政手段予以绝对禁止,而是在教师文化建设中用倡导"爱岗敬业"的方式去引导教师将更多精力投入到日常的教育教学活动中去。

第二,应当严格区分公共生活与私人生活领域。所谓"公共生

活"领域,指的是在公民私人生活领域之外的社会公共生活的时间与空间,也包括职务活动的领域,它与8小时以外的私生活领域是相对存在的。现代社会的一大进步是严格区分公共生活与私人生活领域,以保护公民个人在"私权"方面的基本生活权利,如隐私权、婚姻自由等。现代行政和立法的权利不能无条件侵犯公民的私生活领域。毫无疑问,教师在职务活动以外的时间愿意打麻将、逛街、旅行、睡觉,或者是从事"有偿家教"方面的社会服务,纯粹是教师个人的私事。不准教师进行"有偿家教"、"违反者将清理出教师队伍"的处理方式,显然是公权对私域的蔑视与僭越。教育行政部门没有权力对"有偿家教"作出禁止的规定,更没有权力将"违反者清理出教师队伍"。如果希望解决"有偿家教"带来的对于正常教学秩序的冲击,可以将管理和立法的重点转移到学校校园之内的空间、日常教学的时间上来。比如教育行政部门有权加强日常教学质量评估,对教学质量差、未能履行教师岗位责任的教师依法处罚等。

第三,应当正确处理行政法规与基本法律规定的关系。已经有人就宁波推行教师个人信用承诺、严禁有偿家教和杭州实行教师校际互聘、公开鼓励名师"走穴"这两则消息发表了很好的意见。① 其中一个重要的理由是:"资源的流动与市场化配置已为人们广泛接受。对于教育而言,教师是最重要的教育资源,随着教育需求的升温,其流动化与市场配置的现象此时出现是不足为怪的。这样一个过程会对教学质量、教师规范和道德产生一些冲击。在这个基础上如何规范教师行为和教师道德,是重要的课题,但是教师的道德不能以限制教师的劳动权利作为道德标准,更不能局限在一个学校里来论教师道德。简单说,只要对学生和教学质量负责任,一个教师就是守德的,无论他是在校内还是在校外。"而《中华人民共和国教师法》第八条共列教师义务六项,没有包括不得参加校外教育活动的义务。实际上,兼职应该是涉及一个人劳动权利的内容,可惜《劳动法》没有相关内容,

---

① 马少华:《校外教学无伤教师伦理》,《中国青年报》2003年1月21日。

一直是个缺陷，但《劳动法》也没有限制和禁止。《劳动法》和《教师法》都没有限制和禁止的行为，在学校与教师的合同关系中列为禁止就很难成为公平的条款。因为就一般合同的公平原则而言，只能规定双方在合同范围之内的权利、义务和行为，不能规定双方合同范围之外的权利、义务和行为。对于教师而言，合同的范围只能包括其在校教学质量和教学行为，不能包括一个人的全部劳动能力和智力活动。"我个人认为，还需要对上述意见作两点补充：第一，其实《中华人民共和国宪法》和《民法通则》，以及《劳动法》和《教师法》等基本法律是保护公民依法劳动和获得相应报酬的权利的。第二，应当正确处理行政法规与基本法律规定的关系，不能在具体法规和政策的制定上违背基本法。因此，我们在制定有关教师管理的行政规章时应当认真学习有关基本法的精神，否则就是将合法的劳动付出视为师德不良、道德不端，是相对强势的教育行政机关对弱势教师的盛气凌人，是一种简单、粗暴的工作作风，当然不是以服务为宗旨的行政作为。

中国是一个公民社会和法制社会正在形成的社会。我们的许多行政部门在有"为民做主"的责任意识的同时，往往缺乏对公民权利的应有尊重。在我们的教育系统中，我们往往只要求教师要公正地对待学生、对待社会，而很少考虑社会也存在一个对于教师权利尊重的"反身性公正"问题。教师个体及教师专业团体的相对弱势又往往使得许多偏颇得不到起码的矫正。对于"有偿家教"问题的非理性认识和处理，只是我们公民权利意识淡漠的一个具体表现。但是即便如此，对这样一个具体问题的严肃讨论和清醒认识仍然是十分必要的。

（本文曾以"公权对领域的蔑视与僭越：对'有偿家教'及其行政处理方式的若干思考"为题，发表于《教师教育研究》2005年第1期。）

# 责任推诿：当前中国社会普遍存在的道德病
## ——《家校德育责任关系研究——德育责任推诿现象透视》序言

责任推诿是当前中国社会普遍存在的道德病之一。这一点不难从小悦悦身边悠然行走的众多见死不救的普通路人身上看到，也可以从将不当公务行为往"临时工"身上一推了之的诸多"人民公仆"的言行中得到印证。在教育领域，学校及家庭对于德育责任的推诿也属诸多责任推诿的病象之一。梁明月的《家校德育责任关系研究——德育责任推诿现象透视》是由她的博士论文修改而成的专著。其对家校德育责任的分析，不仅有利于人们思考相关的德育问题、教育问题，而且对于我们思考和分析整个社会的责任推诿及其根源都有解剖麻雀、举一反三的功效。

梁明月将家校德育责任推诿现象归结为"外推"和"互推"两类，也分析了家校之间存在的"假合作真推诿"的责任关系，认为"这些现象均反映出家校双方在德育合作过程中过分强调'制度合作'和'利益合作'，而缺乏人际交往的情感和道德等因素"。明月认为，学校具有承担德育责任的制度性责任调节倾向，家庭具有承担德育责任的利益性责任调节倾向，而这两种调节方式，均无法驱使学校和家庭真正地承担起德育责任、形成合作关系。"这主要是由于德育在本质上是一种关乎受教育者的德性、情感、信仰和价值观等方面的教育，而不是一种仅仅可以通过制度或利益进行调控的'专业教育'或'技艺教育'。"梁明月因此提倡第三种责任调节方式——"伦理性责任调节"——"这种机制主要利用伦理的权威和德性的力量来驱使人们承担责任，建立人际之间'人格同盟'关系"。应该说，这一解释虽然略显一个年轻学者的稚嫩，但仍然不失为一针见血的入理分析。

中国文化是伦理型文化，中华民族本来并不缺乏责任与担当的意识。比如在社会领域，我们说"天下兴亡，匹夫有责"，又比如在教育领域，我们说"子不教，父之过。教不严，师之惰"。那么包括家庭德育责任推诿的根本原因在哪里？除了梁明月的分析，我认为，客观上与中国社会处于转型期，"礼崩乐坏"、无所归依的社会伦理环境有关，主观上则与社会公众的"公民意识"不够有一定关联——因为一个没有主人翁意识的人，一定不是一个积极的责任承担者！但无论如何，"用伦理的权威和德性的力量来驱使人们承担责任，建立人际之间'人格同盟'"的建议是具有十分重要的现实意义的。

本书即将付梓，除了向作者梁明月博士表示由衷祝贺之外，我想向读者真诚表达的是：明月的博士论文由我指导，所以本书的瑕疵也有我的责任。我和明月一样期待在批评中成长、成熟。

# 感受差距
——留学美国可能带来的"蝴蝶效应"

2002年8月底到2003年2月,我受"面向21世纪教育振兴行动计划"的"重点高校系主任和研究所骨干出国研修项目"的资助,作为高级访问学者到美国威斯康星大学麦迪逊校区教育学院访学。六个月的时间很短,但是我觉得收获仍然是丰硕的。除了一般专业上的收获之外,我觉得感受至深的也许应当是在如何理解中美之间发展上的真实差距方面。

中美之间的真实差距到底有多大?这是一个许多国人都关心的话题。

这些年中国人急起直追,为的就是要缩小这一差距,而且我们与发达国家的差距总体上也的确正在不断缩小。比如我们的经济总量如果按照实际购买力计算,据说已经超过了日本,仅次于美国了。到美国以后,看看纽约、旧金山等美国东、西部最繁华的都市,我的感受是,如果仅就城市建设的外表看,我们的上海、北京的许多地方的确已经可以与美国比肩了。这是令人振奋的一面。但是另外一方面,"发达国家"(developed country)和"发展中国家"(developing country)之间决非仅仅是概念上的不同,而是存在实实在在的差距。我可以用几个具体的例子作一些简单的说明:

第一个是在科技方面。尽管我们有许多原因、许多种解释,但迄今为止,偌大的中国大陆尚没有产生获得过诺贝尔奖的本土科学家。但我所在的威斯康星大学麦迪逊校区,一个学校就有5名教师和8名毕业生曾经获得过诺贝尔奖,而这在全美获得诺贝尔奖的大学排名中仅仅位列第15位,排名第一的芝加哥大学则共有80多人获得过诺贝尔奖（以上数据为 2003 年统计数据）。

第二个例子是环保方面。表面上美国城市与我们的差别不大，可是在细节上一考察，我们就会发现处处都存在差异。我曾经在公寓附近的湖滨发现过一块关于垂钓的黄色警示牌。上面写着，依据麦迪逊的有关法律，钓鱼者只能钓什么类型的鱼、多少公分到多少公分的鱼、总共可以钓多少条鱼，等等。读完这样的标牌，一方面觉得十分有趣，另一方面则又不得不对美国人成熟的环保意识和细致的法制建设油然产生一丝由衷的敬意。中国现在虽然也采取了一些诸如治理环境污染、保护大熊猫之类的环保措施，但是与如此主动、细密的环境关怀相比，应当说我们还有很远的路要走。

第三个例子是政治文明。麦迪逊是州府所在，最美丽、雄伟的建筑当是"CAPITOL"（威斯康星州的议会大厦）。同样是白色的大理石建筑、圆顶、对称的主体建筑和芳草如茵的草坪等，从外形上看，这里的 CAPITOL 与真正的 CAPITOL——华盛顿的国会山几乎一模一样。但是与中国各地的人民大会堂之类的建筑最大的不同是，这里的 CAPITOL 根本无人站岗，市民可以随便入内参观。每逢周六，城郊居民还会沿 CAPITOL 的四周形成集市，叫卖自己种植的农产品……还真有点儿"从来就没有救世主"的精神！我们也有"公仆"之说，但是仆人办公的地方却往往都是主人不可以随便涉足的禁地。社会主义政治文明建设仍然任重道远，由此可见一斑。

在威斯康星大学的湖滨小道上，我曾经和另外一个中国访问学者讨论过诺贝尔奖问题。偌大的中国大陆迄今还没有一个本土科学家获得过诺贝尔奖，而一个小小的威斯康星大学居然就已经产生过 13 个诺贝尔奖获得者。差距如此之大，最主要的原因在哪里？我原以为一定是科研的硬件、投入问题，但是那位同是搞自然科学的教授却十分肯定地说：现在的中国最缺乏的是那种真正甘于寂寞、埋头苦干，或真正"献身"于科学的科学家！我当时十分震撼。

混沌理论中有一个概念叫"蝴蝶效应"。有人打比方说这个概念的意思是——在北京的一只蝴蝶扇动了一下翅膀，可能会引起纽约的一场风暴。这一效应表明,一个微不足道的初始原因会导致的系统影响有时候是无法估量的。我只是国家改革开放以来数以万计的公派留学人员中普通的一员,但是对我个人来说,短暂的留学生涯所带给我的诸多经历、感受又是弥足珍贵的,六个月的学习也肯定会给我个人以及周围的人(比如我的学生、家人)都带来深远的影响。这也许可以叫作一个人短暂留学的"蝴蝶效应"。

# 几点担忧

## ——小议研究生教育制度的两项改革

风闻一些大学又要"开全国风气之先",进行硕士研究生教育制度的改革。其中两项最重要的内容,一是学制由3年改为2年,二是研究生教育收费。

关于研究生学制由3年改为2年,主要依据当然是美国。但是,第一,美国的硕士研究生培养质量并不被世人看好(其博士研究生培养是较为先进的);第二,美国的研究生教育即使是学制2年,但是由于其培养条件比中国强很多(如充足的图书、良好的实验设备、优秀的导师群体等),故就绝对水平来说,仍然可能比我们3年制的研究生教育质量高。相信这些是许多教育专家都知道的事实。在目前研究生教育规模急剧膨胀、质量无法保证的情况下,学制再缩短1/3,到底意味着什么,实在令人不寒而栗。

关于研究生教育收费,理由之一仍然可能是美国。可是美国研究生教育在收费的同时,也提供大量或者充足的奖学金。这正是即使来自异邦的许多中国青年学子也能够远渡重洋的原因之一。在"高等教育是非义务教育"等堂皇的"可以收费"的理由之下,谁能设想一个已经贷款学习了4年(本科)的平民子弟,如何能够现实和平等地得到继续其研究生学习的机会?难道所谓适应市场经济的教育改革就当然意味着让体制中已有的一丁点机会均等在大学校园里继续消失?我们要建设的市场经济到底是什么样的市场经济?早期的、成熟的,还是追求社会公正与教育机会均等的"社会主义的"市场经济?

我们常常不解的是:难道就因为是美国的东西,不被看好也要学?为什么我们在学习美国的时候只学对大学方面有利的,而对美国高等教育体制中广泛存在的学术尊严、机会均等却视而不见？中国的一流大学为什么就不能带头用我们民族自己的头脑思考自己的教育体制？在研究生教育泡沫化厉害的时候（比如北京大学、清华大学、北京师范大学等博士生招生规模均已经超过美国许多一流大学），为什么偏偏不见那些准备成为"世界一流大学"或"世界高水平大学"的高校振臂一呼，"从我做起"，带头改进办学条件、增进教育机会均等、适当压缩规模以提高研究生教育的质量？

　　大学改革的许多问题当然不能完全归咎于大学。但是，"始作俑者，其无后乎！"大学自己当然应当三思而后行。

# 教学活动研究应当注意的问题

　　教学是学校教育产生以来校园内发生频率最高，同时也是最为重要的日常教育活动。在教育教学改革如火如荼的今天，几位立志从事教育学原理研究的博士研究生在这里集中研讨教学活动问题，无论是对整个教育学术的发展还是对他们自身的学术成长都具有非常重要的意义。

　　我认真拜读了他们的作品，为他们对于最新学术的理解而感动，也为作品中充分表现出来的独立思考的精神而激动。他们的研究对于增进我们对教学活动的正确理解具有重要的价值。但是作为他们的老师，我不得不说的是，他们的研究在充分展现青年学者的朝气和锐气的同时，也带有一些青春冲动的莽撞特征。比如一些论述中常常出现那种非此即彼的二元对立的思维方式。我以为教学活动及其研究的长久魅力就在于它不那么简单。教育活动（包括教学）是一个集艺术与科学性质于一身的生命系统。丰富的生命需要丰富的把握。如果我们希望对教学活动的探究更接近于本真，那么我们在需要锐气的同时也需要有较为全面的视野和更为包容的胸怀、更加审慎的表达。

　　以上这些简短的文字不敢说是对几篇论文的评论，更准确地说，应当算是我与几位青年同行的共勉之词。

# 教育学研究的蛋与鸡

教育学的研究首先可以分为基础研究和应用研究两大类。一个不很恰当的比喻就是教育学研究有鸡与蛋的区别。进一步的分类又可以是：教育学研究有公鸡、母鸡、受精卵和非受精卵之别。

受精卵和非受精卵之别就在于研究成果具不具有"发展性"或者"可持续性"。所谓"非受精卵"就是"一锤子买卖"。由于应急的需要，也由于一些研究者的不负责任，许多貌似"教育科学"的研究成果往往都是江湖郎中的狗皮膏药，十有八九只具有即时性的"效果"，没有后患就算是阿弥陀佛了。这就是作为"非受精卵"形态的教育学应用研究。而真正的应用研究，即使是很具体的、涉及范围很小的应用性研究，也应当是具有全局意识和长远眼光，因而具有可持续性的。这一全局意识和长远眼光一方面来源于认真与负责的研究，另一方面又是建立也只能建立在坚实的基础研究的基础之上的。

教育学的基础研究又有常规研究与自由研究的区别。这里所谓的常规研究指的是对特定领域的正常研究，比如德育论、课程论、教学论的研究等。这类研究的对象明确，使用的方法相对确定，在某种意义上是可以规划的。由于领域、对象的确定，需要某个方面的应用研究时，这类研究往往是起码的基础，所以是所谓的"母鸡"。不过，常规的东西即便具有生产性也会有某种问题。正因为太"常规"，所以往往缺乏灵感。所以常规研究之外必须有教育学的"自由研究"。"自由研究"是"公鸡"。它不直接产卵，但是却能注入活力，使应用性研究具有较为持久的生命力。因此只有具备常规研究与自由研究的双重贮备，真正的应用研究才具有可能性与现实性。

中国教育界的问题往往在于——过于功利。

首先，教育决策与实践部门往往要求教育学家们立即开出许多不能立即开出的药方。由于要得太急，其结果是刺激了大量非受精卵的产生，教育决策失去了可持续性的机遇。更有甚者，市场诱发或鼓励了大量假"教育科学"之名的非科学、反科学的东西纷纷出笼，贻害社会、损害教育学的学术形象。

其次，社会普遍忽视基础研究和自由研究。一个标志是，政府或学校要解决某类"重要"的课题，可以一下子投资上亿元资助某一个领域甚或某一个课题的研究，而一个全国性的教育科学五年规划所投入的研究经费也不过区区千万元。由于对基础研究尤其是自由研究的长久忽视，中国教育学往往无法奉献教育实践所需的足够的某一领域的专家。当有利可图的项目出现时，许多根本不是某领域的研究者一下子蜂拥而上，你争我抢，其后果不言而喻。

公鸡、母鸡、受精卵和非受精卵的关系也许不仅存在于教育学研究当中。但是作为教育学者，我们的祈望或建言只能是——

要蛋就要鸡。而要受精卵就不仅需要母鸡也需要公鸡。在市场经济日益发展的今天，国家对教育研究的关心的重点应当日益转向教育学的基础研究与自由研究——这是因为，这两类研究不能或者较难在资源的市场配置机制中获得支持。至少，为了获得真正的应用性教育研究的成果，社会、政府和学校都应当将教育学研究的鸡、蛋、公鸡、母鸡、受精卵和非受精卵的关系作通盘考虑。如此，则教育学幸甚，教育事业幸甚。

（本文发表于《中国教育报》2000年8月26日。）

# 慎提"打破教授终身制"

最近一段时间，从上海、广东到北京，一些高等学校都在积极进行管理体制的改革，其中一个重要的改革就是所谓的"打破教授终身制"。一般意义上说，实行岗位责任制、按需设岗、"打破教授终身制"等本身对于改变高校人浮于事的局面、提高高等教育质量无疑具有重要的现实意义。但是，仍然需要提醒的是，从几个最基本的方面考虑，我们必须特别慎重地对待"打破教授终身制"问题。

首先，"打破教授终身制"涉及一个攸关高等教育生命的命题——"学术自由"。而没有"学术自由"，就没有大学精神，当然也就没有现代意义上的高等教育。如果教授们的去留问题由大学的管理者们说了算，或者按照他们制定的标准和程序说了算，教授们就可能"人在屋檐下，不得不低头"，不得不"为五斗米折腰"。如此，则研究、教学的自由将大打折扣，有府衙而无大学。也正是因为这样，美国、日本等几个最发达的市场经济国家，虽然眼睁睁看着教授，尤其是熬过一定年头的"终身教授"们过着"悠闲、散漫"的日子，屡次希望进行"打破教授终身制"的改革，但结果往往都是无果而终。

其次，"打破教授终身制"还涉及一个重要的命题，那就是教育管理，尤其是高等教育的管理能不能简单套用经济管理的原则。这一点只要看一看目前一些大学按照经济管理的原则制定的大学教师的津贴制度正在起着的十分消极的作用就可以有所启迪。基本按照计件工资制原则制定的津贴标准拼命鼓动教授们发文章、做课题、上讲台的负面结果是：大学里铜臭弥漫、学风浮躁；而教授们疲于奔命、无暇"坐冷板凳"的结果则往往是匆忙制造出许多泡沫化的"学术成果"，其质量令人担忧。

最后,"打破教授终身制"还涉及教师权利的保护问题。许多"打破铁饭碗"的改革初衷和总体上的结果都可能是积极的。但是许多年来,这种"打破铁饭碗"的改革一直存在一个巨大的问题,那就是:它们都是自上而下的单向的"打破"——如经理"打破"职员的饭碗、厂长"打破"工人的饭碗等,而后者基本处在弱势、被动的地位,其申诉、反诉等权利基本上被忽略。所以准备提倡或实行"打破教授终身制"改革,就必须考虑这样一些问题:校长等(一般都是任命的)具有当然的权利"打破教授(他人)终身制"吗?此外,即使某种意义上说"打破"是对的,我们需要不需要建立类似于发达国家早已存在的独立性很强的教师工会这样的制约"打破"、保护教师权益的机制?

我们之所以说要特别慎重地对待"打破教师终身制"问题,并不是说不能进行符合按劳分配精神和价值规律的改革。我们所要强调的是,高等教育的改革首先要遵循的规律是高等教育自身的规律,首先必须考虑到高等教育的特殊性和复杂性。如此,改革高等教育的良好愿望才能变为美好的现实。

(本文发表于《科学时报》2002年1月17日。)

# 新闻公正、职业道德与道德教育

最近发生在北京动物园的"硫酸泼熊"事件引起了许多人对于动物保护、生态伦理、人道主义等道德问题的关心。但是有一个附带产生的问题不能不提出来,以警醒世人从另外一个角度关心职业道德与道德教育的主题——

一些著名媒体在头一天报道肇事者的单位时用了"某著名高校"这样的"名讳"策略。但是第二天,在报道这所正在创建"世界一流大学"的高校的学生捐款抢救被他们的同学侵害的动物时,这些媒体却又毫不犹豫地"正面"地使用了这所学校的大名。

这样的新闻报道,不能不在北京的许多高校师生中引起强烈的反感。因为——

第一,如果肇事者是一个不怎么"著名"的高校的学生,新闻报道决不会如此"哥们义气"。在新闻报道中难道有某种类似于古代社会"刑不上大夫"之类的准则存在?新闻报道讲不讲起码的公正法则?

第二,整个报道给人的感觉似乎是不光这所学校没有问题,反而是有许多值得"表扬"的地方。是不是大家都可以用先犯罪、后忏悔的方式获得这种十分正面、因祸得福的广告效应呢?

第三,历史上的讳疾忌医曾经让人送命。今天在新闻报道中出现的这种"为尊者讳"的"报道艺术"到底想帮谁的忙?会不会延误国家和这所"著名高校"创建"世界一流大学"的伟大战略目标实现的进程?

第四,"世界一流大学"不是不能犯错误,重要的是犯了错误之后的态度。正因为是"著名"大学,才更需要为全社会树立一种正视问题、纠正错误的榜样。为什么一直没有那所"著名高校"为自己的"害群之马"向全社会公开道歉的报道？

新闻绝不仅仅是单纯事件的报道，新闻就是教育，尤其是道德教育；大学教育绝不仅仅是一些专业技能的培养，"世界一流大学"的目标更应包括人文素养、道德教育方面的追求。作为教育中人，我们呼吁新闻工作者恪守职业道德，用高质量的新闻报道去发挥道德教育的积极作用。作为教育同行，我们呼吁所有以"世界一流大学"为自己办学目标的高等学校都能从这一事件中吸取教训，不仅让我们的学生努力成为某一科学领域方面的"世界一流"，而且也成为整体素养上的"世界一流"。

（本文写于2002年"硫酸泼熊"事件发生后。）

# 一本糟糕透顶的译作

## ——《美国"蓝带学校"的品性教育》一书翻译的部分错误

笔者怀着十分复杂的心情写就本文。

原因是 2002 年 3 月当我在北京的市场上见到《美国"蓝带学校"的品性教育——应对挑战的最佳实践》（周玲、张学文译，中国轻工业出版社 2002 年 1 月第一版，责任编辑朱玲、卫云，责任终审杜文勇，策划人石铁）一书时曾经特别高兴，而且非常热情地将此书介绍给了我的研究生、与我有相同研究领域的专家，以及比较熟悉的中小学校长和老师等。但是当我在美国读到这本书的英文原稿之后，我发现中文翻译的错误多得惊人和离谱。这样我所做过的推荐就自然变成了一件为虎作伥的坏事情了。为了弥补过失，本人在此将这本书翻译上的部分错误记录、公布，以正视听。

之所以说是"部分错误"，一是因为我主要检查的是从序言到前三章的内容，二是一些翻译上不确切的地方我姑且不算是错误，比如，将品德教育（Character Education）翻译为品性教育，将美国前总统亚当斯（John Adams）译为阿德姆斯，将法国著名社会学家、教育学家涂尔干（Durkheim）翻译为德克赫姆，等等。

以下为部分翻译错误的清单（下列页码均为中译本页码）：

（1）由于错误理解了"count"的意思，全书（例如前言第 6 页、第二章第 30 页等）将"关心品德联盟"（The Character Counts Coalition）全部错误翻译为"品性测量联盟"，将"全（美）国关心品德周"（National Character Counts Week）错译为"全美品性测量周"（第二章第 30 页）。

（2）由于不理解"communitarian"的含义，将"社区主义者组织"

（Communitarian Network）错译为"提倡共产主义的社会者联盟"（前言第 6 页）。结果书中居然说"提倡共产主义的社会者联盟"近年在白宫召开过研讨会！

（3）将"由中小学发起的（grassroots initiatives by schools）品德教育计划"翻译为"制定品性教育培训计划；下放中小学自主权"（前言第 6 页）。

（4）将"良好的品德"（sound character）错译为"健康"（导论第 15 页等）。

（5）将"整体性的概念"（holistic term）错译为"历史性概念"，后面还自作主张地加上一句"在不同的对共（应为此？）有不同的理解"（第一章第 8 页）！

（6）将"全方位的课程渗透"（Integrated Through，英文原著第 38 页解释，即：integrate Character Development through out their curriculum）莫名其妙地翻译为"完全的融合"（第一章第 11 页等）。

（7）白宫于 1994 年 7 月、1995 年 5 月、1996 和 1997 年的 6 月主持召开了四次品德教育方面的会议（原文为：The White House sponsored conferences on character building for a civil and democratic society in July of 1994, May of 1995, and the June of 1996 and 1997），结果被翻译为只开了"三次"会议（第二章第 30 页）。

（8）"道德真理"（moral truths）被翻译为"道德事实"，结果造成一个极不通顺的句子——"天主教派长期坚持……道德事实，并且需要把它们一代一代地传递下去"（第三章第 41 页）。

（9）将"追求知识"（seek for knowledge）错译为"能发现知识"，将"负责任地表达自己的想法"（express yourself responsibly）错译为"自由表达……"（第三章第 47 页）。

（10）"办学理念"（school's philosophy）统统被翻译为"学校的哲学观"（第三章第 48 页等），"应当像其他课程一样地努力将美德传授给学生"（Students are taught attributes of sound character in much the same way as any other subject is taught）被翻译为"学生们接受健康

品性教育的方式与其他学科的教学方式基本上是相同的"（第三章第48页）。

（11）"实习生"（intern）被翻译为"实习医生"，结果是：实习医生在学校里给孩子们讲日本文化、艺术（第三章第49页）！

（12）"the school makes a conscious effort to communicate its expectations of children"（学校十分自觉地努力表达对于学生的各种期望）被翻译为"学校为了达到自己的教育目标付出了特别的努力"（第三章第50页）！

（13）"Student…would be characterized by others as an 'at risk' student body"（……学生，可能会被人认为是问题较多的一群）被翻译为"……学校，将被其他学校描述为'处于危险状态'的学生群体"（第三章第50页）。

（14）"传记"（biographies）被译作"图册"（第三章第50页）。

（15）"已经有10,000所学校将品德教育计划作为（教师培训）课程的一部分"中的"已经有"被错译为"只有"（第三章第61页）。

（16）教育学术界耳熟能详的"价值澄清理论"（values clarification）被翻译为"价值观选择哲学"，与此相关的"价值中立的方法"（morally neutral methods）也就被翻译为"道德中庸方法"（第三章第63页等）。

除了以上问题之外，译者还不作任何说明地将第三章的许多内容以及附录的第二、三部分不负责任地随意删去。而由于删去的部分刚好涉及一些可以与相关研究机构和实验学校联系的具体信息，对于这本以介绍、评价美国德育实践为特色的著作来说就肯定会造成极大的遗憾。

翻译国外的著作对于整个中国的发展和国家教育事业的进步来说都是一件十分重要，因而需要严肃认真地对待的事业。中国轻工业出版社的"万千教育"丛书大概是目前国内翻译规模最大、商业运作最成功的一套教育类翻译书系。但是本人在不怀疑书系中可能有好的译作的前提下，不得不对这套丛书和类似的出版行为提出以下疑问：

第一，出版社有无出版资质和业务范围的限制？如果中国轻工业出版社可以出版人文方面的学术著作，那么人民文学出版社是否有资格出版诸如核物理方面的著作？很显然，笔者认为如果教育类学术著作由教育出版社出版，相信一些常识性的错误较为容易在编辑阶段避免。

第二，翻译出版的组织工作是否就是将一些大学教授列到顾问和编委会就万事大吉了？如果在机制上能够让顾问和编委们实际负责，是否会避免许多不该出现的毛病？

第三，在一个商业化的时代，我们早已不太敢想象出版商和翻译者会像过去那样追求著作翻译的"信、达、雅"，但是我们还有没有理由、有没有办法让他们讲一点最起码的职业道德？胡乱找一批人草草翻译、草草出版的现象是否只涉及中国轻工业出版社出版的《美国"蓝带学校"的品性教育——应对挑战的最佳实践》这样一本著作？

在芝加哥的学术年会上，我曾经向《美国"蓝带学校"的品性教育——应对挑战的最佳实践》一书的作者麦当娜·墨非博士（Dr. Madonna Murphy）当面说明她的著作已经被翻译到了中国。她当时非常高兴。现在我反而为此事感到十分的内疚。因为要是知道她的著作是这样被翻译成中文的，不知道麦当娜女士是否还能高兴得起来。

我的一个提议是：出版社和翻译者应当赶紧收回、销毁所有的图书并向原作者及广大的读者致歉。

（本文发表于《中国教育报》2003年2月20日。）

# 第三辑 期　待

Expectations

♦♦◇

　　幸福、公正与仁慈既是教师伦理世界的三大基石，也是师德建设最重要的概念框架。促进广大教师做一个配享幸福的教育家、让教育爱成为一种德性而非本能，应当成为我们推进师德建设工作的最重要的思路。

# 为"教育思想"做有准备的期待

## ——"当代中国教育思想进展"书系总序

### 一

近年在国外旅行的时候,常常有外国友人非常礼貌地赞叹中国经济及教育指标成长的神速,令我们的自尊心得到很大的满足。但是也有一些特别熟悉中国大陆、和我们保持最紧密关系的友人会在由衷赞叹之后,十分善意地补充或者提醒说,"除了在思想方面之外"!

每当这个时候,我都会陷入沉思。因为思想的贫乏其实是这个时代(全球性)的问题,只不过忙于发展经济的中国更突出而已。

我认为,思想的贫血对于我们这个时代来说,最主要的原因可能有以下三个方面:

第一,经济理性导致了思想的贫乏。经济理性等现代性问题的确是造成思想贫乏的罪魁祸首。比如,当每一个个体都醉心于发家致富、全社会都奉行"经济挂帅"原则的时候,人们除非万不得已才会抽时间去"仰望天空"。因此,历史上曾经最"高贵"的人文学科如哲学、历史、高雅艺术等,在当代世界的几乎任何一个国度都是"囊中羞涩",就是一个不难解释的尴尬。虽然哲学家很早就说过人们"宁愿当一个苦恼的人,而不愿当一只满足的猪",但令人遗憾的是,在当代社会,显然人们更愿意当在快餐店里安逸生活的猪而不愿去遭遇任何属人的思想的苦恼!

第二,思想解放导致了思想的消解。当代社会的思想自由与价值多元本来对于人类来说是革命性的解放。但是,"上帝死了""人死了"也必然导致思想的消解。而一旦所有的想法都合理的时候,思想的逻辑就已然崩溃。正是因为如此，哲学家朗格（Friedrich Albert Lange）才说"人类需要一个由他自己创造的理想世界作为现实世界的补充"，英国教育哲学学会前主席特伦斯·麦克劳克林（Terence Mclaughlin）才呼吁认真地开展"批判的批判"。而解放和重建的平衡最需要的仍然是"思想"！

第三，思想肢解导致了思想的难产。思想的肢解也是思想的稀释或者零碎化。在当代社会，只有专家没有思想家可能已经构成一个趋势，未来可能只有极少数的人才有希望突破困顿成为康德、杜威那样的思想大师。原因是当代学术领域已经分工得比工业生产还细致。在一个个局部可能都有思想的碎片产生，但是连接这些碎片成为思想整体的困难之大前所未有。于是常常出现的现象是：当一个专家在滔滔不绝、眉飞色舞地介绍他的精湛技艺时，旁观者不经意间一个涉猎范围较大、超越专家专门领域的前提性的发问，常常就足以让他惊慌失措、顿失神采。

思想的贫血和由此产生的对于思想的渴求是一个问题的两个方面。在人文社会科学领域，我们最为渴望的是真正的"思想"的诞生，而中国大陆的教育科学领域就更是如此。当大家都热衷于项目、经费、制造教育学术和出版泡沫的时候，在心灵深处我们常常情不自禁地发问：中国人的教育思想在哪里？为什么真正意义上的教育思想如此之少？

## 二

在中国大陆的教育科学研究中一个认真但是荒谬的争论是对"教育学"是否已经消亡的讨论。我之所以说这一论证是"认真"的，是因为20多年中许多严肃的学者都加入过这场具有元教育学性质的争论。而说这一论证是"荒谬"的，是因为问题基本上是一个假命题：如果你问赫尔巴特时代的那种无所不包的"教育学"是否消亡，答案很简单——当然已经消亡，就像牛顿时代的物理学形态早已被取代一样；如果你讨论的是包括教育哲学、课程与教学理论、教育技术等不同形态的教育学科总称意义上的教育学是否存在，那也不需要争论，看一看全世界那么多教育学院里忙忙碌碌的学者和他们汗牛充栋的作品吧，作为"学科群"意义上的教育学当然无可争辩地、无比鲜活地存在着！在这一争论里，很重要的一个核心问题其实是"教育基本理论"（或"教育学原理"）是否存在？而这是一个具有中国特色的教育学命题。

一些人认为"教育基本理论"含糊不清，严格说来应等同于教育哲学。但是我和许多学者一样坚定地认为：教育基本理论比教育哲学涵括的内容要广泛很多。许多教育基本问题的讨论如"青少年的符号消费""游戏与学习的关系"，以及前些年集中讨论过的"教育现代化""教育现代性"命题等都不只是教育哲学的问题，这些问题的合理解释常常必须涉及社会学、文化学、心理学、伦理学、政治学等相关学科的综合分析。因而我认为，"教育基本理论"实质上是"教育思想"的一种主要形态。它需要回答的是教育领域里面的全局性、根本性的"大问题"，以便为其他教育学科的具体分析奠定基础和方向。

但是同整个人文社会科学、整个社会的思想贫乏的局面一样，目前的中国是一个"教育基本理论"的"大国"，但并不是一个"教育思想"的"强国"。放眼中国大陆，号称作教育基本理论研究，以此名义申报重点学科，做硕士生、博士生导师的单位和学者的规模肯定是全球第一，但是新中国成立以来真正本土的、原创性的教育思想寥若晨星。因此，如何改变这一教育科学不正常、不健康的局面，如何建立吸引、激励教育学者们甘于、敢于发扬"板凳要坐十年冷"的精神去"仰望（教育的）天空"的机制，是当代中国教育界的当务之急。也因为这一点，以促进中国教育科学发展为当然使命与特色的教育科学出版社决定推出"当代中国教育思想进展"书系（Chinese Advances in Contemporary Educational Thought Series），我认为正当其时。

受哥伦比亚大学教育学院出版社出版的享誉全球的"Advances in

Contemporary Educational Thought Series"（当代教育思想进展系列）的启发，本丛书希望本着宁缺毋滥的原则每年收录若干本少而精、有真正意义上的中国当代"教育思想"含量的作品，集腋成裘，逐步成为增进中国教育基础理论研究的重要学术平台之一。作为主编，除了衷心感谢出版社领导、同仁的充分理解、大力支持之外，就是在此诚挚吁请全国教育学界的方家能共襄盛举，积极举荐合适作品不断奏响这个时代中国教育学术最重要的交响乐！

　　思想的诞生无法速成，唯能做有准备的期待。是为序。

# 多元文化时代中国德育的必然选择
## ——"当代德育理论译丛"总序

一

尽管一些人对"多元化"抱有过分谨慎的态度,多元文化时代的来临在全球范围内都已经是一个不争的事实。德育是一个最具文化特性的事业。无论是教育目标、内容的确定,还是德育过程与方法的选择,全部德育活动都是一种无法脱离文化的价值存在。

多元文化时代给德育带来的积极意义是不言而喻的:在德育的目标和内容方面,多元价值的相遇、对话,甚或是冲突,都有利于当代德育更认真、更仔细地看待价值文化的相对与共识;在德育的过程安排、方法选择等方面,由于价值本身具有的相对性在多元文化时代的空前凸现,所有人都会发现:没有学习者的主体性就没有真正意义上的德育,古代社会所笃信的强制灌输的德育模式将彻底地无以为继。就像互联网使信息垄断变得日益困难一样,多元化时代的来临最具价值的是意味着一个前所未有的民主与科学时代的来临——其中当然也包括德育的民主化和科学化。

更为重要的是,文化或者价值多元会使当代人前所未有地在价值生活上无所适从。而这一时代特征将使所有社会和个人都"被迫"关注德育,并认可它的重要性,关切其实效的提高。从德育的立场出发,也许我们可以说,托多元文化之福,一个从真正意义上关心德育的时代已经来临。

当然,多元文化时代并不仅仅是一种廉价的、单方面的福利。"双刃剑"之所以成为我们经常引用的一个隐喻,最主要的原因之一是价值多元的另外一个层面——危险性或者挑战性的层面。

与德育密切相关的危险性、挑战性首先表现在：由于达至共识是如此之难，价值多元最有可能导致的危险就是虚假的价值宽容或者相对主义。价值相对主义的结果往往是价值虚无主义。而当什么都是对的之时，德育将从实际上被取消。最近20多年时间中，西方社会之所以普遍出现德育向传统回归的趋向（比如，美国的品德教育运动正在蓬勃展开，英国已经将公民教育列入中小学的必修课程），就是因为学校德育已经走向了价值相对主义和虚无主义，或者已经被错误的"民主""自由"等概念所误导。当许多人宣称道德、价值的选择完全是个人的自由与权利，教育能做的就只能是帮助学生"澄清"他们已有价值观的时候，德育其实已经不再存在。我们相信，如果不对西方一些国家所经历的曲折保持理性、冷静的观察，像中国这样正在向西方学习、努力实现教育"现代化"的东方国家就极有可能重蹈他们的某些覆辙。

此外，由于多元化与"全球化"的密切关联，多元文化时代又是一个极容易被操纵、被引诱的时代。当发展中国家或者弱势文化群体宽容、膜拜某些价值观（常常属于强势文化）的时候，多元化恰恰可能变成一个文化强权、价值灌输的工具。以美国当下风头正盛的品德教育（Character Education）运动为例，当一些学者热衷于找寻价值共识或者底线，以便进行正面、直接的品德教育的时候，一些学者已经公开质疑："谁"的共识、"谁"的底线？——原来他们发现，在美国绝大多数社区通过家长投票之类的方法所确定的所谓价值共识依然不过是盎格鲁-撒克逊（Anglo-Saxon）白人的"主流"价值观，少数族裔的价值观已经被无情、"合法"地边缘化了。这种"多数人的专制"将会继续下去，如果我们缺乏足够的、理性的文化批判精神的话。

多元文化时代的中国社会和中国德育的必然选择只能是：积极拥抱多元文化时代而不是被迫生活在这样一个机遇与挑战并存的历史阶段。因此，保持中国文化与德育的主体性，批判性评价和吸收外来文化的营养，并向其他文化贡献中华民族的价值与教育智慧等都是十分必要的。但是,批判、吸收、创造的前提都是——打开窗户看世界。我们特别需要认真比较、分析、取舍外部世界的相关思想与信息,以便以比较开阔的胸怀和视野真正独立自主地去解决我们面临的现实德育问题。因此,作为一套力图全面介绍当代国外德育理论,尤其是发达国家中为国际学术界公认的、有较高研究与应用价值的德育理论著作的翻译作品系列,"当代国外德育理论译丛"的正式面世,应当说是正当其时的。

## 二

基于多元文化时代德育使命的分析,我们对于"当代德育理论译丛"的意义或者严肃性有充分的认识。

为了保证品质,本译丛将一直遵循从严和开放两项基本原则开展工作。所谓"从严",首先是指入选的著作一定是经过本领域专家认真甄别并确认为一流水平的研究成果,其次是指我们将在翻译、出版的各个环节尽最大努力保证每一本译著的质量。而"开放"的意思是:本译丛不仅在国别上向美、英以外的国家开放,争取更广泛的国际视野,而且意味着一个适当开放但仍然严谨的"德育"概念——对作品的选择将以道德教育为主,但是适当延伸到公民教育(Citizenship Education)、品德心理研究等相关领域。

我们深信,"当代德育理论译丛"出版的现实意义(学术价值、社会效益)将是巨大的。中华民族是一个礼仪之邦,有重视德育的优良文化传统,所以中国德育一方面现实问题很多,另一方面对其深切关心的人也很多。从政府到民间,许多有识之士都非常关心德育实效的提高,都在积极找寻有借鉴价值的"他山之石"。在学术层面,中国本土德育理论创新更是亟需与世界各国,尤其是发达国家教育理论的最新研究成果及时地、认真地对话,并获得有益的启示。所以更多可供学习、借鉴的国外德育理论著作的翻译出版,无疑将会对中国社会文明与学校德育的进步产生积极的影响。因此,作为主编,本人要在这里真诚地向对本译丛出版作出重要贡献的相关人士致敬和致谢。他们是——

在确定本译丛的第一批备选书目方面给予热心帮助的 Alan Lockwood 教授（University of Wisconsin-Madison）、Nel Noddings 教授（Stanford University）、Elliot Turiel 教授（University of California-Berkeley）、Larry Nucci 教授（University of Illinois-Chicago）、Marvin Berkowitz 教授（University of Missouri-St. Louis）、James S. Leming 教授（Saginaw Valley State University）、Merry Merryfield 教授（Ohio State University）、Fred Newmann 教授（University of Wisconsin-Madison）等所有美国同行，为本译丛提供帮助的伦敦大学教育学院（Institute of Education）的 Graham Haydon 博士、Hugh Starkey 博士，以及其他国外和国内的专家。

踊跃承担本译丛的翻译，并且认真负责地完成各自任务的译者及进行认真审校，确保翻译质量的各位同仁。

热心支持本译丛出版的教育科学出版社领导和为之付出许多心血的编辑朋友。

桃李不言，下自成蹊。也许本译丛出版的意义言说和由衷感谢的话实际上都没有特别的必要。最后所能说的也许只能是：衷心希望通过不懈努力，本译丛能够成为多元文化时代中国德育学术园地里一道最亮丽的风景。

# 做一个配享幸福的教育家

——《绿色教育师德修养：做一个配享幸福的教育家》序言

师德修养与师德建设十分重要，又千头万绪。如何让师德修养与教师的肉身建立内在、真实的实质性关系，从而使师德建设行之有效？如何纲举目张地理解师德建设的基本内容，进而让师德修养的精神空间自由、充实、明晰而透彻？

以我个人的体会，师德建设过程中最重要的是要处理好两对最基本伦理范畴的关系，即幸福与德性、公正与仁慈之间的关系。

## 一、幸福与德性：做一个配享幸福的教育家

幸福与德性的关系，是师德建设和师德修养中最为重要的一对概念关系。原因在于，在这两个平常概念的关系中深藏着教师修养职业道德或者专业伦理的最切身的理由。

没有理由的道德生活，尤其是没有个体性理由的道德生活是不值得过的苦日子，而由于没有理性的根基，这一道德生活也就注定是违反人性、虚幻而无效的。相反，道德的终极理由只有一个：德性是我们幸福生活最重要的必要条件。

正因为如此，伦理学才将"德福一致"（即德性与幸福的一致）视作公理。以此类推，教育幸福最重要的前提当然是教育家具有应有的教育伦理品性。换言之，教育家幸福的真正源泉不在外部世界，而在于其自身。一个在精神境界上让自己的学生蔑视的教育工作者、一个在同事关系中缺乏道德勇气与智慧因而工作效能低下的教师、一个品行为家长和社会所不齿的"四眼狼"，当然不太可能获得他本应配

享的教育幸福。

但是"善有善报"这种命题向来遭人质疑,而且质疑的理由还常常极具现实性。如何将这一质疑变成对"德福一致"公理更为丰富和成熟的理解,而非对这一真理的否定和弃绝,乃是教师伦理学及其实践(师德建设、师德修养)的重要使命。"德福一致"命题现实论证的完成,就是道德生活信心的真实重建。

简言之,探索幸福与德性的关系,实质上就是对"做一个配享幸福的教育家"这一命题的现实论证。只有教育工作者真正从"配享幸福"的角度深切理解教育伦理对于自己职业生涯的极端重要性,师德建设的种子才可能在一个个生动具体的教师的肉身上生根、开花、结果,并成就更多幸福的人生、创造更为光明的世界。这其实是师德建设、道德教育的最大奥秘之一。

## 二、公正与仁慈:让教育爱成为一种德性而非本能

如果我们认可"德福一致"的公理,进而考虑修炼教师德性,那么师德修养最重要的内容是什么?

有伦理学家曾经将公正称之为"男性伦理",关怀(仁慈)称之为"女性伦理"(虽然伦理类型不能简单、绝对地划分,但伦理思维方式与内容确实存在某些性别差异)。如果一个美好的世界是由男性、女性组成,那么一个和谐的伦理世界就自然是被称之为男性伦理的公正和被称之为女性伦理的仁慈的有机结合。因此,公正、仁慈是全部道德生活内容的中枢,也就当然是教师伦理的核心内涵。教育公正与仁慈也就自然构成师德修养的两大重点。

除了从伦理世界的构成分析中可以解读公正与仁慈两大伦理范畴的关键意义,我们还可以从两者之间相互建构的关系中看到两者的互补性及其教育意义。

《战国策·触龙说赵太后》中所言"父母之爱子,则为之计深远",是讨论伦理之爱与自然之爱区别所在的一个绝好的例证。《春

秋繁露·必仁且智》上也说："仁而不知（智），则爱而不别也；知而不仁，则知而不为也。"古代先贤们的思考完全可以迁移到公正与仁慈关系的当代伦理思考中来：没有仁慈的公正，一定是冰冷和不健全的公正；失去公正的仁慈，也可能演变为对仁慈美德、美好人生与社会正义的实质伤害。

人类之爱不同于动物之爱、伦理之爱高于自然之爱的主要原因在于后者是一种自觉、理性、有所节制和深思熟虑的明智之举。就像伦理之爱不同于自然之爱一样，教师作为一个教育专业工作者，其对学生的教育爱也应当是一种自觉、专业的德性，而非盲目、自然的本能。公正与仁慈不仅是教育爱的基本要素，而且它们之间相互论证、补充和建构的关系也是真正的教育之爱实现的关键。完整地修养教育公正与仁慈两大德性，实质上就是在专业伦理上修炼完整的教育爱的能力。

综上所述，幸福与德性、公正与仁慈两大关系的辩证理解与落实是师德建设、师德修养的关键。幸福、公正与仁慈既是教师伦理世界的三大基石，也是师德建设最重要的概念框架。促进广大教师做一个配享幸福的教育家、让教育爱成为一种德性而非本能，应当成为我们推进师德建设工作的最重要的思路。

本书是我们承担北京师范大学教育学部与北京市石景山区"绿色教育"合作项目（师德建设子项目）的研究成果。从幸福生活的角度建设师德、让教育公正与仁慈相互建构与支持的思路恰好完全契合绿色教育追求教育和谐、促进生命活力的核心理念。北京师范大学公民与道德教育研究中心团队和北京市石景山区教委、教育工会的领导及相关试验学校的师生通力合作，玉成了这一美好的果实。举一而反三，我们由衷希望我们的些许心得不仅能够自我激励，而且能够对所有有志于提升教师精神生活质量的同道有所裨益。

# 优秀班主任应做大教育家

## ——《班主任的教育智慧与管理风格》序

在中国，班主任岗位是学校教育体系中的一个要津。从学生发展的角度讲，学生与班主任的联系往往比一般科任教师要紧密、亲密得多；从教育任务的角度讲，德、智、体、美、心理健康诸育无一不需要班主任分担、承担或者组织完成；而从学校管理的角度讲，班主任是上传下达、左右联通的纽结。因此，尽管日常的班主任工作困难重重，但是举国上下无不承认班主任工作的重要意义。

本书的 30 位作者，都是北京市朝阳区的优秀班主任，都是"朝阳区班主任学科带头人"称号获得者，其中还有几位"全国十佳班主任"。他们在自己的工作中任劳任怨、恪尽职守、成绩斐然，表现出了崇高的敬业精神和专业品质。北京教育学院朝阳分院将老师们的工作案例与事迹整理出版，不仅有利于激励作者们继续前进，更是方便全国班主任同行从本书中汲取灵感，提高班主任工作的成效。编者嘱我写序，本不敢当，但既然无法推托，也就乐得一次言说的机会，表达如下两点对于班主任朋友们的希望，以此与大家共勉。

第一，优秀班主任，尤其是北京等发达地区的班主任要有敢做大教育家的理想与气魄。鸦片战争以来，中国教育和中国社会一样，一直是处在学习世界先进国家思想、经验的状态中。但是就像经济上的进口—出口关系一样，长期处于"入超"状态总是有问题的。除了要付昂贵的学费之外，也不公平：一个占世界人口 1/5 的国家凭什么老是进口别人的教育思想和成功经验？21 世纪的中国教育工作者必须有新时代的责任感，那就是做苏霍姆林斯基（苏联）、尼尔（英国）那样世界级的大教育家，在提升本国教育质量的同时也用自己的创造性智慧贡献于全世界！

第二，优秀班主任，尤其是北京等发达地区的班主任要有谦虚谨慎、脚踏实地的专业化自觉。"优秀"或者"先进"的标签常常害人。北京文化的优点是大气，缺点则是傲气。而一旦傲气就小富则安、成不了大气候，就丧失了做大教育家的可能性。目前中国社会普遍有浮躁的毛病，稍有成绩就有被捧杀的危险。因此，"优秀"的教育工作者尤其要时时提醒自己切勿膨胀，以便能够以开放的心态不断向他人学习，不断反思自己的工作，不断提高工作的专业水平，努力形成自己的教育思想、教育风格，从而最终成为真正意义上的教育家！

中小学班主任工作意义重大，但是困难和压力也很大。最近一轮课程改革又给班主任工作带来了更大的挑战。希望本书的出版有益于班主任工作的改革、进步，也有利于北京甚或全国的教育品质的进一步提升！是为序。

# 愿名师走向更高远的境界

## ——刘云生老师《心根教育：旨归教育本原处》点评

刘云生同志被评为重庆市名师，《今日教育》杂志社准备给他做一个专题，介绍其对教育的探索，邀我做"专家点评"。我与云生先生尚不熟悉，本无点评资格，好在杂志的主要要求是针对"名师观点"进行点评，盛情难却，谈以下几点感受。

第一，"名师"工程意义重大。随着中国社会的发展进步，中国教育正在完成一个重要的历史转型——从外延式的增长（量的增长）为主向内涵式的增长（质的提升）为主的范式转移。所以最近十多年"素质教育""课程改革""教师专业化"等口号不绝于耳。教育质量的提升最关键的是教师质量的提升。所有的"名师"工程也因此具有重要的时代意义——中国社会和教育发展需要大量的"名师"出现，更进一步，中国需要自己真正意义上的教育家。希望《今日教育》杂志社对"名师"的宣传是这一造就中国教育家伟大事业的一部分。

第二，《心根教育：旨归教育本原处》有活泼的思想内涵。所谓"活泼的思想内涵"主要表现为两点。一是云生先生的文章有自己明锐和独立的思考。比如，他从"教育本原"出发对中国当前教育迷失在政治统领、功利主义、形式主义、标新浪潮、外来文化之中等弊端的论述就是一针见血、发人深省的，对于我们反省、解决中国教育的问题大有帮助。二是其思想的"活泼"。比如"让儿童心根浸润在复杂充盈的全息世界中""让儿童心根通透在丰富多元的文化对话中""让儿童心根享受在鲜活灵动的人类精神中"等具有激情的表述方式就使人特别有阅读的快感。其实人类历史上较早的教育（学）家也是用这种风格写作的，一个典型例证就是夸美纽斯的《大教学论》。一线教育专家并不缺乏来源于实践的源头活水，但是许多人刻意追求"学院派"的研究、写作风格，东施效颦的结果往往令人惋惜。云生君的写作风格值得很多人借鉴。

第三，希望"名师"们走得更高更远。目前中国的"名师"工程意义重大，但是也存在很多问题。原因一些是社会的，一些是个人的。"名师"一旦出名，我们的社会（包括媒体）就会做许多"好心办坏事"的工作。一是通过宣传使得名师迅速成为"公众人物"，再也无暇进一步提升自己了；二是通过无心的"捧杀"使得一些"名师"再也找不到北，也不想进一步提升自己了。这就是我们这些年"名师"辈出，但是却没有产生真正意义上的中国教育家的原因（虽然一些人已经被"大跃进"思维贴上了"教育家"的标签）。在中国的教育界，有许多人本来有条件走得更远、更高。但是肤浅和傲慢使他们与伟大失之交臂，这一点在北京、重庆这样的"大地方"会看得更清楚。我衷心祝愿云生同志能从"名师"的光环中走出去，走向更为高远的境界！

# 提倡教育习惯的反思
## ——《反思教育习惯》序

北京"尊重教育"课题组的成果《反思教育习惯》即将出版，应课题组盛情相约，谈以下几点体会。

首先，"习惯"本是价值的外在表征，某一价值观念可以选择许多行为方式与习惯予以表达，过于拘泥，本属迂腐。比如握手、拥抱、贴面等都表达对客人的尊重，我们就无法对哪一种习惯更"先进"或者更"文明"作绝对的论断。学生进老师的办公室采取喊"报告"、敲门抑或其他形式本来是无所谓的事情，只要讲尊重、有礼貌即可。如果我们将这些人为的习惯看成是金科玉律，势必将教育变成规训，将课堂变成铸模，景象十分恐怖。所以对习惯和教育习惯保持警觉、反思是完全必要的。

其次，教育习惯在中国可能是最值得反思的问题领域，因为我们的教育像整个中国社会一样古老。古老固然有古老的优势，但是古老也可能使我们背负更多的历史包袱和思维定势。我们的学生如何进校门，如何坐在自己的板凳上，以什么样的方式回答问题、展开讨论，怎样和老师打招呼等等，大都有许多不容置疑的规矩。而一些规矩实际上是未经追问、没有现代性的东西，如不反思，则创造性的教育和创造性的人才都无从谈起。尊重教育要教会学生"尊重"的价值，当然也要教会他们思考、表达这一基础价值的行为习惯。所以老师们已经开始对教育习惯进行反思是一件非常好的事情。如能坚持、推广，功德无量。

最后，教育反思本身也要经过反思的考验。现在许多人讲反思实际上只是在讲"否定"。反思可能意味着否定，但是也可能意味着

"肯定"。不设前提、悉心检验、辩证处理是反思的基本要求。这一点对于中国的教育来说十分重要,因为我们太喜欢"刮风"。"不是东风压倒西风,就是西风压倒东风",好像"反思"不断,但实际上缺的刚好就是真正的反思。若干年来,我们反对片面发展在许多学校就变成了增加学生负担的"全面"压力,我们反对对于知识的被动、机械记忆很快就变成反对知识学习本身,我们反对体罚学生也就迅速演变成绝对取消教师进行惩罚教育的专业权利,如此等等。总之,反思决不意味着我们只破不立、图一时痛快,反思是一种"综合判断"活动。

我与"尊重教育"课题组的许多老师都相熟,阅读他们的宝贵心得使我收获颇多,在这里我衷心感谢他们!

# 超越150分的语文教学
## ——董文赟《学学教教四十年》序言

拜读董文赟老师的《学学教教四十年》,感慨万千。

与许多只能教"100分以内"的语文老师不同,董老师是一位专教"100分以外""不一样的"语文的语文老师。

使这位成功执教于皖山南麓的语文名师区别于碌碌之辈的重要秘诀,当是他且行且思、教学与研究相得益彰的求索模式。就是说,董老师是结合自己的教学实际做了"真科研"的。这一点,只要看看他认真而富有创意的教学设计,特别是他的诸多教学研究的心得即可。诸如"新课标下语文教学的一些思考","积累是前提,读懂是关键——高考文言文阅读解题策略","语文教师,应该是善讲故事的人","复习课亦发挥学生的'主体'作用","'诸子'选修,宜把握三条原则","复习阶段的几个重要事项——高考复习的策略研究"。如此等等,朴实无华但立意高远。大有语文教学研究"山药蛋派"接地气、抒真情的风格。

窃以为许多中小学教师的科研成绩差,根本原因在于对于"研究"二字的错误理解。他们要么小看自己,认为所谓研究只能是高墙深院里大学教授们的事情,教学科研意识尚未萌发就落得个"出师未捷身先死"的下场;要么东施效颦,强力学做学院派"一样"的"学术研究",其结果当然是脱离实际、不知所云,即便勉强写成皇皇巨著也仍然难称"真研究"。而与此同时,"立地"于日常教育教学的实际问题、"顶天"于教学实效、育人境界的提升,真正适合一线教师驰骋疆场开展科学研究的广阔天地,却常常处于残垣断壁、无人打理的状态,实在是令人扼腕!有志于做一个研究学校教育教学真问题的教育家的人，不妨先向董老师学习，而后勇敢地超越他。

董老师是一个在中师时代就着迷于苏霍姆林斯基的人。因此，他的"不一样的"语文教学研究，其实不仅有专教"100分以外"语文的宝贵教学经验积累，而且大有鼓吹"教学有道"，实质是超越150分、追寻语文教学真谛的大气魄。这一点，只要看看他的"挖掘文化底蕴，延伸语文课堂"，"读万卷书，更要行万里路"，"情思缠绵，符合人性"，"语文课要教出趣味"，"贴近大师学写作"等选题就不难得以求证。我们当然不是说语文教学只要"人文性"，不要"工具性"。但应试教育范式下语文教学的最可怕之处，的确是语文课只是让学生死记硬背了一大堆干巴巴的语文"考点"，却完全远离天地人生、社会担当等应该有的大"道"。从事语文教学的人应当常常反躬自问：一堂只应付考点，而人文情怀、文学精神尽失的语文课，还是语文课吗？

从更广阔的视野看，如何避免买椟还珠的荒谬故事在课堂上反复上演，其实不仅是语文教师，而且是全体中国教育工作者的时代使命。这是因为，与改革开放前30年不同，中国教育变革的紧迫性前所未有。如果应试教育与"中国制造"产业模式还能勉强适应的话，那么向"中国制造"转移的中国产业和社会发展大趋势所呼唤的，就只能是创造性人才的培育、"不为五斗米折腰"人格的培育。"中国梦"所含的"教育梦"，意味着整个中国教育品质、境界的全面提升。中国不仅需要有人读苏霍姆林斯基的书，而且需要千千万万中小学教师具有苏霍姆林斯基的教育情怀、人生境界。中国需要苏霍姆林斯基那样世界级的、真正的大教育家。

董文赟老师执教的野寨中学在皖河的上游。而我过去曾经与其"同饮一河水"，在皖河下游的一所中学工作过八年之久。我深知基层教学任务的艰巨以及教研心得的珍贵。皖山皖水，人文荟萃。我衷心祈望董老师的文集是希望的田野上布谷鸟一声清脆的高叫。

# 对诗词教育的审美期待

——《文学经典教育的审美期待——中学诗词教育文本与社会控制》序言

人类是梦想的动物。生命力的最重要表征之一就是我们的梦想能力。无论是群体还是个体,那些最"有梦"的人都是生命力最旺盛的人;而人类个体或群体某些越来越"成熟"或者"现实"的表现,则往往意味着他或者他们正在老去。

正因为如此,在人类文明的延续与发展的链条中,文学及其教育这一环节就显得十分重要。中国教育的严重异化,不仅见证于哲学课程反倒使得学生日益失去批判力,更表现为通过本应激发生命活力的文学教育,学校教育却逐渐窒息甚或消灭了儿童的梦想能力。因此,无论从文学出发还是基于教育学的立场,在诗词教育方面揭示异化、修复美感都是最有意义的精神劳作。

杨启华博士的《文学经典教育的审美期待——中学诗词教育文本与社会控制》以中学诗词教育的现实文本为分析对象,不仅细致描摹了窒息想象、肢解诗意的诗词教育病态,而且深入分析了形成这一病象的强社会控制机理——"一方面,诗词文本的编制反映了社会对教育内容的控制。诗词主题的选择、诗词数量的确定以及诗词内涵的解读等,多以社会价值为取向并反映了社会统治阶层的教育要求。另一方面,通过诗词文本实施教育又实现了对社会的控制。以经过价值选择与价值赋予的诗词文本教育学生,诗词的价值内涵与社会的教育要求被传递给学生,使学生形成群体性记忆与想象"。因此,诗词教育功能的修复之路,自然就是要让"上帝的归上帝,恺撒的归恺撒",解开社会控制的思想镣铐,让自由和梦想的文学精神自由翱翔。

作为一部以博士论文为基础的教育学专著，年轻学人言说的青涩与迟疑不可避免。但是从现象描摹到本质分析、从问题提出到出路的找寻，启华对中学诗词教育文本与社会控制的理论分析完整、独到，细腻的表达和深邃的理性实现了较为完美的统一。作为本书的第一读者，三年前最初阅读的喜悦至今仍然记忆犹新。而现在最初那本简陋的打印文稿就要变成华美的正式出版物的时候，我想我的兴奋也许并不少过作者。我之兴奋，与其说是源于与作者三年同行结下的私人性的情谊，不如说更多的是来自与更多读者共同分享这一精神佳肴的公共性期待。因为诗词教育不仅是教育的一个片段，而且是教育品质的整体象征、教育者和受教育者生存境遇的全息写照。在一个以诗词为传统、为骄傲的国度，尤其如此。

　　我们由衷期待本书的出版是一次中国教育自我救赎的珍贵机缘，也由衷祝愿作者"文学经典教育的审美期待"美梦成真！

# 第四辑
## 记　忆

◆♦◇

　　文学大师泰戈尔在离开中国时，有人问他落下（忘记）什么（行李）没有。他说："Nothing, but my heart！"在这座"东方最美丽的高等学府"中，我的第一次真正的航行即将结束。"Nothing, but my heart！"我的心情与大师相同。

# 先生之风
## ——贺允清教授的师爱故事

每一个行业都有其核心的伦理，如法官追求公正、商家崇尚诚信，教育则应以仁慈为本，而好教师的第一品质当然也就应当表现为师爱之风范。

在我们"60后"这一代中，我幸运地属于学习经历最为完整的一类。从小学、中学、大学到硕士、博士、博士后，不同学段的老师们的教育之爱都像春风春雨，给我最为美好的滋养。其中，在硕士学习阶段，贺允清教授对我的关怀更是推动我生命之帆奋勇向前最为关键的东风，无上珍贵与慷慨。或许贺老师门下弟子众多且有教无类，早已不记得当年曾经给予一个年轻学子的巨大恩惠，但是于我，恩师的所有细心照拂都无时无刻不点滴在心。值此北京师范大学政教系成立60周年大庆之际，重温恩师教诲，不仅为了表达个人对恩师的由衷感激，而且希望先生的师爱风范能够启发更多后人，裨益国家教育事业。

## 一、"北师大的亲戚"

我是1991年秋季幸运入学北京师范大学中学政治教育研究中心，正式成为贺允清教授的弟子的。在长长的新生报到队伍中，我不过是普通一员。但谁也不知道，我有和其他同学完全不同的入学经历。

我是1989年第一次报考贺允清教授的研究生的（学科教学论专业，青少年思想品德教育方向）。当时我正在皖西南一个农村中学教高三政治课。我是政教专业科班出身，教学成绩突出，且在教学刊物上发表过多篇教研论文。但第一次研究生入学考试我却因为高中毕业班教学任务繁重、准备不充分而名落孙山（总分远超北师大研究生录取分数线，但外语成绩却只有区区15分）。

考试成绩下来之后不久，我十分意外地收到了贺老师的亲笔信。贺老师在信里鼓励我说，我的专业成绩非常好，只是外语成绩差了些，应当认真补习好外语来年再考。老师还特别提及我在他负责的《中学政治课教学》1986年第10期"改革与实验"栏目发表的《"小组测试法"尝试》一文，认为我在教学上有自己的真实体会，难能可贵。老师的鼓励犹如冬日的暖阳，很快驱散了我内心沮丧的阴霾。于是我重新拿起当时最流行的《新概念英语》，积极备考。但1990年考研的申请最终却没有被县教育局批准，理由是"工作需要"——那年教育局刚刚提升我为所在中学的教导处副主任，我已属学校的"中层干部"。

1990年初夏的一个傍晚，我突然被县教育局管人事的徐副局长叫到家里。徐副局长劈头问我："你在北师大有亲戚？"我一下子像丈二和尚，摸不着头脑。原来贺老师应邀到安徽讲学时，通过省教育厅孙培新副厅长亲自过问了我考研申请不被批准的问题。贺老师对孙副厅长说，"如果檀传宝能够考上研究生，毕业后回来，算我们北师大给安徽培养了一个人才；如果孩子将来不回来，安徽为国家教育事业作贡献，也是好事情！"省教育厅直接过问一个农村中学教师的考研问题，恐怕在县教育局的历史上还是第一次，难怪徐副局长认定我有一位做教授的"北师大的亲戚"！

于是，我顺利参加并成功通过了1991年度研究生考试，幸运地成为贺老师的真正弟子。

## 二、超出想象的关爱

教师的爱虽属一种有教无类的博爱，但对于作为个体的学生来说，却往往是促进其生命成长的具体、特殊和无比珍贵的阳光雨露。

早在入门之前，贺老师就不仅帮忙解决了我的考试资格问题（即让县教育局同意我报考），而且还专门为我联系了北师大举办的外语补习班帮助我跨越外语难关。最令我难忘的是，1990年秋我刚到北师大参加外语补习班不久，有一天傍晚我居然在宿舍迎接了两位慈祥的长者——贺老师竟然和他在研究中心的同事彭万春教授一起到宿舍来看望作为晚辈和"学生"的我——而我那时候能否考取他的研究生尚未可知！那时我大学毕业后已经工作8年，外语单词几乎都忘光了。后来能够涉险过关，可以说最大的动力实在来自贺老师超越常规的无私的关爱。

1991年9月起，我在贺老师身边开始了愉快的研究生学习生涯。直到1993年秋我赴南京师大提前攻博，我从恩师那里所受到的教育与关怀远远超越我个人的想象，也超越了我许多同窗好友的想象。

我是上有老、下有小的成人研究生，但是我却很少在学期中间请假回家。除了十分珍惜来之不易的学习机会之外，其中最重要的原因就是老师设身处地的关爱——每次我有特殊情况需要请假回家的时候，老师总是问"你家那么远，只请这么两天假，够不够？要不要多请两天假？"这与某些老师和学生"猫——鼠"游戏般的相处之道是恰恰相反的。当年像我们这类研究生生活的困难是今天的人们所难以想象的，比如和爱人通一个电话就要在北太平庄邮局等上3到4个小时。但有了老师无以复加的信任与关怀，再大的困难我也能克服！

对我来说，贺老师的关爱是我个人生命历程最重大转折的基本前提。以我当时的处境，如果没有当年老师超越千山万水的有力关爱与具体支持，我肯定会失去进一步深造的宝贵机遇。我们一家也就可能一直厮守在那个离县城还有几公里、名叫"二里半"的农村。

## 三、成就我的学术人生

贺老师的关怀不仅大大改变了我的个人生活，而且有力地成就了我的学术人生。

在专业上，老师虽然有十分严格的要求，但是也给我以最大的自由学习的空间。比如培养计划，老师真的是与学生商量后确定的——除了专业必修课之外，几乎所有课程都是我依据自己的兴趣自主选择而后请贺老师认可的。因为我认为学科教学论需要更多教育学、心理学课程的学习，所以我的主要学分都是从教育系拿的（以至于很多教育系的同学一直认为我是教育系的硕士）。这样也就给贺老师带来了许多麻烦——他需要不断与教育系、心理系等外单位打电话帮我联络上课的事情。但在我的印象中，老师从来没有一次有过一丝一毫的厌烦，相反，他总是微笑着鼓励我大胆选择和前行。如果说我后来在专业发展上有创造性的一面的话，我可以肯定地说，重要原因之一在于硕士阶段导师这种信马由缰式（尊重个性、发展潜能）的培育方式。

老师的爱是无际的春风，最终唤醒了我雨后春笋般的学习热情。跟随老师学习的短短两年中，我在包括《教育研究》《北京师范大学学报》在内的学术期刊上共发表论文8篇。这算是一颗小苗"报得三春晖"的最初努力。

由于老师的宽容、鼓励、耳提面命和无私帮助，我不仅在北师大顺利度过了两年自由、幸福的学习时光，而且得以顺利提前攻博，成为教育学专业的博士、博士后，在教育学原理领域尤其在德育原理、教师伦理等方向有所心得。我深知，我的所有成绩都源于老师的恩泽。我也由衷希望，今后能用更大的成就来回报已经是耄耋之年的恩师对我的悉心培育。

古语有云：仁者无忧，仁者寿。我衷心祝愿我敬爱的恩师和师母，以及所有像贺允清教授一样满怀教育大爱的老师们健康、长寿、幸福！

（本文发表于《中国德育》2013年第18期。）

# 严慈相济的教育艺术
## ——记我的导师鲁洁教授

和其他鲁门弟子的感受一样，我一直认为，能够成为鲁洁教授的学生是我终生的荣幸。博士阶段师从导师三年，我不仅取得了许多学术上的进步，更难得的是获得了体验真正的"严慈相济"的教育艺术的绝好机缘。

几乎所有的鲁门弟子都"怕"老师。但这种"怕"首先不是因为老师的严厉，而是因为老师对我们的慈爱。

老师的这种慈爱并不是抽象的话语，而是真诚、具体的行动。比如中秋节到了，常常不是我们去看望老师，而是老师拎着一盒月饼拾级而上，来我们的南山宿舍楼，嘱咐我们别想家——那个时刻，可以说是整个研究生楼的"邻居"们都"眼馋"我们的光景。又比如常常因为我们"帮"老师做了某件事情之类的"原因"，老师一定会请我们到附近的小酒家去小聚一餐。除改善伙食之外，最大的好处在于那种场合是我们可以完全放松的地方——我们尽情上演不同的"节目"，师生之间、同学之间常常是笑得前仰后合，不亦乐乎。

类似的例子不胜枚举。比如老师从加拿大访问归来，就曾经在我的掌心放过几枚带枫叶图案的硬币，说是给我小儿的礼物。一位师兄有一段时间和妻子闹了别扭，老师从香港讲学回来时带给他一个精美的女用钱包，嘱咐他带给他的爱人。老师像母亲一样的爱总是那样具体、细密、关切、指点、鼓励，一切都在不言中！

老师的慈爱就像她春日阳光般的微笑，让我们日日如沐春风。但正因为如此，每当我们发现老师的微笑偶或淡却或者蓦然消失的时候，第一念头就是赶紧检查自己错在哪里——从为人到治学。

老师对待我们又是严格的。那是一种"一丝不苟"的严格。有两件事情令我终生难忘。一件是我个人的故事，另一件则有关我的一位师兄。

那是我刚到南京师范大学读博士第一个月的一个周末。我于周五下午外出到南京对岸的和县访友，周一早上按时回校。因为是周末，当然也就没有请假。但是一回宿舍，桌上就放着周六老师用信封装好的一张"便条"。便条上面写着：

檀传宝：
    今天找你，了解你已于昨天外出未归。也许因为你是新生，不了解学校的有关规定。希望今后再遇类似情况必须向班主任办理请假手续。这一方面是为了保证学习，另一方面是因为学校对你们的安全等负有责任。

鲁　洁<br>10月15日

打开信封后的我，当时一下子震撼了。三年之中，我再没有干过类似"打擦边球"的事情。转眼十年过去了，我也一直保留着老师的那张"便条"，作为永远的鞭策与纪念。

我的一位师兄比我年长十岁、在职攻读博士学位，当时已经是一所高校的常务副校长。在校学习那一年放寒假的前一天，我们一起到老师家请假回家，当时说是"明天回去"。但是师兄买的船票实际上却是当天晚上的。傍晚的时候，老师打电话找师兄有事，听（接电话的外系同学）说他买的是当晚的船票，只是对他轻轻说了一句"你不是说明天走的吗？"就挂断了电话。于是这位已过不惑之年的师兄马上毫不含糊地骑车去码头，退了当晚船票，又买了一张第二天的！

因为老师的慈爱，我们"怕"老师。因为老师的严格，我们更爱老师。虽然老师的教育艺术远不止"严慈相济"一个内涵。但是仅仅这一条，也是我们这些今天也开始为人导师的人可以终身受益的一大教育"秘籍"！

# 仁者黄济先生

黄济教授是我的恩师。能师从黄先生学教育是我一生的荣幸。

我是在1991年秋上研究生的时候，在成有信教授主持的教育学原理课上第一次正式见到黄先生的（校园路上常常遇到蹬三轮的黄教授当不算"正式"见到）。当时成老师的课给我的印象十分深刻，改变了我对教育学的刻板印象，也改变了我人生奋斗的航向（从上这门课开始，我决定备考教育学博士研究生）。其中主要原因有二，一是成老师本人严谨、深邃的思维吸引了我，另外一个很重要的原因是他的这门课将黄济、王策三、孙喜亭以及心理系的冯忠良教授等教育学大家统统组合进来——常常是每人一讲，大师们的毕生学术深入浅出于三个小时之间，令人受益匪浅。正因为如此，此后我一直认为这种组合型课程组织是研究生课程最应该提倡的形式！黄老师当时给人的印象除了他强烈而真诚地富有马克思主义色彩的教育哲学思想之外，大概就是他浓重的胶东口音、随和的讲授风格和一丝不苟的中山装。许多同学听不懂他说话，一些同学则私下模仿他的口音以为玩笑。我属少数听得懂且对模仿口音者十分不以为然的幸运儿之一。

1993年我提前攻博，去南京师范大学师从鲁洁教授。当时考博的专业科目之一是教育哲学，黄老师的《教育哲学》是我最重要的复习参考书。1996年6月初，黄老师作为答辩委员莅临我的博士答辩会，我自告奋勇去南京火车站举牌迎接老师。当我接到黄老师的时候，慈祥地微笑着的他的第一句话就是："怎么样，博士毕业还回去，如何？"这实际上是我后来坚定回母校跟随先生做博士后的动力之一。

1996年7月，我如愿回到北京师范大学，成为黄先生指导下的博士后（当年全国每年只有一个教育学博士后指标），一直到1998年夏天出站。博士后的两年,我是在极其轻松愉快的气氛中度过的。因为黄老师对我除了呵护、指点之外,几乎没有任何约束!虽然先生笃信马克思,但是却从不在学术自由上打半点折扣。选题("信仰教育与道德教育关系研究"①)是我自己选的,研究框架的设计也得到老师的完全认可。博士后报告初稿完成后送呈老师审阅,老师的"批改"形式更是令我震撼——所有的改动建议都是用铅笔在空白处完成的——老师对我解释说:如果改得不妥,尽管擦去;不用改动的稿子还可以直接投稿去!我之所以极为震撼,一是因为老师的真诚和极致的谦逊,另外一个就是恩师对于穷学生的细致关照——对于当时收入极低的我来说,也许的确如老师设身处地所设想的那样,省点稿纸钱也是好的!

1998年博士后出站、留校后,我很快担任了北师大教育系教育学教研室主任(过去黄老师也曾担任过这一职务),成为黄老师戏称的他的"领导"。当时我的工作难点之一是全教研室几乎我最年轻、资历最浅,开一次教研室的会议也许需要打两个小时电话——先是和各位前辈协调时间,后是将协调好的时间再打电话通知回去。但是黄先生、王策三教授、成有信教授等恩师几乎都是微笑着随时准备帮助我的样子。所以虽然礼数要讲,但一些同事私下告诫我所说的老教研室的"复杂"我完全没有遇到过。也许是经历了"文革"浩劫中的恩恩怨怨之后,大家都已经自觉地把宝贵精力放到专业发展、学术队伍建设上了,但是最主要的原因应是前辈们的高尚、儒雅的道德风范。

在我担任教研室工作的两年多时间里最令我感动的是两件事。一件是退休后的王策三教授一次在路上关心到教育学原理的全国学科排名(华东师大一度超过曾经排名第一的我们)。他认真地交待说:我们要努力,但不必着急。因为"假如我们也不错,而人家比我们更

---

① 本研究后来曾经获得过中国博士后基金的资助(1997),研究报告(《信仰教育与道德教育》,教育科学出版社,1998)出版后曾经获得过中国高校人文社会科学优秀成果一等奖(2003)。

好，整个中国多一个比我们更好的教育学原理队伍，有什么不好？"另外一件就是黄先生组织编撰《小学教育学》一事。《小学教育学》本是人民教育出版社约请黄济先生领衔为当时全国中等师范学校主编的教育学教材（后来黄老师坚持署名黄济、劳凯声、檀传宝主编）。我作为先生的助手全程近距离见证了这本著作组织编撰的全过程。教材编撰于1998年秋启动，1999年公开出版。其间年事已高的黄老师不仅亲自谋划教材的篇章结构，到中等师范学校实地考察了解旧教材及其使用中存在的问题，亲自撰写了前言、第一章，而且完全负责地进行了全书的统稿、修改工作。虽然作者多是他的学生，工作效率极高，但是老师付出的心血显然是作者中最多的。后来稿费来了，老师一次次最为坚持的原则居然是完全按照章节分配——这样他作为第一主编的贡献在稿费分配时显然就被他自己执意埋没掉了！我曾经反复和先生说明，我们现在收入都比已经离休的他要高很多，且如此分配实在不符合按劳分配的原则，但是先生却一直不为所动。也许先生仍然在身教我们这些学生什么叫礼让的古风！由于先生的努力，这本教材在许多方面都有革新，在教育学教材建设上取得了非常好的成绩。教材先叫"中师教育学"，后来改称"小学教育学"，2006年又修订过一次，现在仍然是全国各师范院校小学教育专业首选的教育学教材。

如从1991年算起，师从先生已历18年矣。先生的学问、人生智慧对作为弟子的我都是泽被良多。如果有人问，北师大黄济先生最主要的形象是什么？或者说黄老师对我等弟子最大的影响是什么？我愿意说，黄先生是一位当代中国社会十分难得的仁者；先生身教、言传于我之最主要者也正是努力成为一个爱人的"仁者"！唯其仁，所以能包容、宽恕，可以笑对所有的挫折、侵犯，同时随时准备出手帮助所有需要帮助的人；唯其仁，所以能素朴、真诚、谦逊，能够对所有人说自己"没什么学问"（黄老师常说的话），但至耄耋之年仍孜孜不倦于教育学术的耕耘！

记得博士毕业离开南京师大前，导师鲁洁教授和我聊及黄先生时曾说过一句令我动容的话——"谁如果和黄老师这样的人都处不好，一定是这个人本身有问题！"作为黄先生同辈人的鲁老师的如此评价，当是我以上个人感受的一个最好的确证。

地生仁者，天必寿之。先生今年已届88高龄，我一直在心底里祝愿先生不仅"仁者寿"而且"仁者乐"，拥有一个大仁、大智者所配享的幸福晚年！

（本文发表于《中国教师》2009年第19期。）

# 一位有情有义的知识分子
## ——忆恩师王逢贤教授

我最早见到王逢贤老师是读博士的时候。当然在此之前，我对王老师早已心向往之很久了。因为在我们德育领域里，几乎所有研究生都知道王老师等国内几个大腕级的人物。所以，我老早就知道他，读他的文章。但是真正见到他，是我博士论文答辩的时候——1996年6月，我们几个学生举着牌子到南京火车站迎接王老师和黄济老师来南京师范大学主持我们的博士答辩。遵照导师鲁洁教授的指示，我们把两位先生从南京火车站一路接到南京师范大学的南山专家楼。那一年，我们同门一共有三个人毕业，雷鸣强博士、张乐天博士，还有我。非常荣幸，王老师是我的答辩委员会主席。因此，我对王老师非常美好的回忆也就是从那时开始的。

作为我的前辈、我的老师，王先生给我留下了许多深刻而感性的印象。如果让我对这个印象作一个概括的话，我想这样表达：王逢贤教授是一位有情有义的知识分子！

比如王老师对我们这些后辈学生都非常有感情。只要是他的学生，他都关怀备至。记得在当年的答辩会上，他反复肯定我们的学术成绩，也发自内心体谅我们学习的艰辛。他认为，在大家都热衷于"下海"赚钱的时候，我们这批甘受清贫的"傻博士"（王老师原话）非常了不起！现在博士生的待遇已经有了很大的改变，但我们当年读博士是非常艰苦的，助学金一个月只有两百多块钱。像我，还是已经成家的人，上有老、下有小，可谓困难重重。王老师总是基于学生的立场考虑学生的问题，他一边对我们耳提面命，指出我们研究的不足，但更多的是对我们极其热情的鼓励和褒扬。其实，我们都知道自己的研究还稚嫩得很。老师褒扬我们，一部分原因是他知道我们确实努力了，更大一部分原因是他对我们怀有深切的同情，更是希望对我们在逆境中求上进的精神予以最大的肯定和鼓励。

2006年博士毕业后，我马上回到母校北京师范大学，师从黄济教授，从事教育学博士后研究工作。其间，在北师大也见到过王老师很多次。其中印象最深的一次，当是在我一居室的寒舍里请王老师吃饭。

我知道，在北师大甚至北京市，王老师的好朋友很多，因此吃饭的应酬也很多，而且一般学术活动的食宿也都是会被周到安排好的。我开始担心请不到他，没想到我忐忑地说，王老师有时间我请您吃饭吧，他马上就说行，很爽快，还反过来让我说什么时间合适。博士后的住房非常小、非常窄，饭桌就在床与书桌之间。但就是在那种非常窘迫的环境下，王老师跟我们一起"大快朵颐"、谈笑风生。那顿午餐，虽然非常局促，但是非常非常愉快。一起用餐的除了我的妻子、孩子，还有现在已经在浙江工作的王健敏博士（王老师就是来参加她的博士论文答辩的）。在工作特别忙的情况下，王老师还能够欣然造访我那个非常狭小的空间，对作为小辈的我来讲，是一份莫大的情谊与鼓励。

说王老师是一位有情有义的知识分子，当然不仅仅是说王老师和我们这些后辈有着美好的私人情感。最重要的，是说他有那种忧国忧民的品质，有着对整个中华民族发展、人类文明未来的悲悯情怀。他的社会关怀意识强烈而真诚，常常禁不住溢于言表。有个最鲜明的例子，就是和我在电话里讨论我在《中国教育报》上发表的一篇论文。那是一篇短文，是主张要建立教育的"第三标准"的。因为我觉得迄今为止的教育，较多地考虑了"真"的标准，比如说教育要符合规律之类；也较多地考虑了"善"的标准，比如说我们要追求人的自由而全面的发展等。但是在教育实践中，相对来讲，我们是比较忽略"美"的标准的。因此我们不光是要加强美育，还要建立教育活动的"第三标准"，即教育的"审美标准"。文章刚刚发表出来，我还没有拿到样报，有一天我在家里突然接到王老师的电话。王老师在电话那头滔滔不绝跟我讨论那篇文章的观点,讲了好长时间!我想,如果他没有真切的热情、不是真的对中国教育事业发自内心地关切的话,对一个刚刚毕业的年轻博士,对一个他的晚辈来讲,他根本不可能打长途电话过来作如此细致的研讨。因此,我觉得王老师不仅是一个在学术上有杰出贡献的学者,而且在事业、生活上都是一个特别有情有义的人,有悲悯情怀的人。也许正是有了这种人格品质和精神境界,才能成就他比较厚重、比较有成就的人生!

形成王老师这种悲悯性的学养、修养,离不开两种重要的内在品质:一是高度的社会责任感,另一个是克服困难的勇气和意志力。

像王老师那一代人,遭遇到的国家苦难比我们多,个人的苦难更比我们多。王老师显然是属于那种不仅没有被苦难击垮,而且能够在困难中奋力前行的人。以他的人格,让他没有国家意识,没有社会担当都很难。这固然一方面有可能是社会环境使然,但是另一方面也与王老师本人对这个世界发自内心的关怀有关。很多时候,只要你打通他的电话,王老师几乎不需要你再说什么,他就会滔滔不绝地把他对这个世界的关切,对现实教育问题的忧虑,对我们年轻一代的由衷期望,非常坦诚地反反复复地叮嘱。而这对我们来讲,是非常珍贵的精神营养。我们从先生身上学到的,不仅仅是他实体的学术观点,实体的教育智慧,更多的是能领略他学者的人格魅力以及这一人格魅力带给我们从事教学与研究的无限动力。

王老师所具有的坚强意志也是一般人难以企及的。我第一次见到王老师的时候,一直感觉他很健康——高高的、瘦瘦的、神采飞扬,并不知道他的身体也有许多问题。直到2006年我即将辞别南京师大的时候,鲁洁老师嘱咐我要注意身体,说"不要像王逢贤一样——胃都切除了三分之二"!那一刻,我十分震惊。我难以想象,每一天他要克服多少困难才能去从事他最心爱的教学研究啊。因此我一直在心底非常钦佩王老师的顽强意志。先生一生奋斗不止,一直到他去世,他一刻也没有停止过思考,一刻也没有停止过工作。这也就是说,他一刻也没有停止过在荆棘中努力前行!

在我们的研究领域，即德育原理、教育学原理领域，以我所了解的情况看，王老师当之无愧，是我国现当代最重要、最杰出的教育学家之一。王老师对教育基本理论，尤其是德育论学术研究、学科发展都作出了重大贡献。关于德育研究的成果，有时他用理性的形式表达，比如发表论文、出版专著等；有时他也会以非常幽默、感性的形式予以表达。记得有一次，为了肯定、鼓励我从事德育美学观的研究，他认真地跟我说："你看现在社会上有人买智育，比如请家教；有人买体育，比如学习跆拳道；有人买美育，比如学钢琴。但是，从来就没有见到人买德育！为什么？因为智育好吃、体育好吃、美育好吃，唯独德育不好吃！"总之，王老师关于德育与人生的联系，关于社会发展关系的很多论述，对我的启发都非常大。此外，王老师在上个世纪八九十年代对德育主体性、德育实体性的诸多论述也是非常精彩的。

如果以王老师为典型案例，我觉得一位"好的学者"的"好"，必须具备三条最重要的标准：第一，必须有对学术和社会的最深切的关怀。王老师是一个非常典型的具有悲悯情怀的人，他对教育事业有发自内心的关切。第二，应该有独立思考、独立判断的能力，要有批判精神。王老师常常有非常独到的学术成就，拒绝人云亦云，很多时候哪怕看报纸、看电视的时候也能保持自己对人与事最清醒的判断。他在研究上所树立的独立探索的风范，也给后学者做出了非常好的榜样。第三，要具备理性分析问题的能力。王老师的理性思维是非常发达的。如果你仔细斟酌就不难发现，当他滔滔不绝地跟你讲他自己的某个想法的时候，他的"滔滔不绝"都是有非常严密的逻辑的。以这三个标准来衡量，王老师都是我的榜样，也是所有中国教育学人的榜样。

以上三条，第一条最重要。也就是说，未来的青年学者如果要有所成就的话，一定要有一种比较高的人生境界。王老师为我们做出了榜样，他的忧国忧民，他对后学的奖掖，他的不懈奋斗，都是基于对国家教育事业的真切关怀。青年人应该学习这种人生大境界。因为有多大的境界就有多大的出息。

# 子诺子言①
## ——诺丁斯教授北京纪行

## 一、引子

2011年12月6日—10日，冬季的北京在浓雾消散之后迎来了几天晴空万里的好日子。当代最伟大的教育家、思想家之一，关怀伦理、关怀教育理论的创立者之一，斯坦福大学、哥伦比亚大学教授——内尔·诺丁斯（Nel Noddings）访问北京。鉴于诺丁斯教授在哲学、伦理学、教育学、社会学以及女性研究等领域广泛的国际影响，我以为，诺丁斯教授来访的意义堪比1919年约翰·杜威的中国之旅。她的来访不仅是中国教育界的一件大事，而且也是中国当代学术史、文化史上的重大事件。

十分可惜的是，由于本人的懒惰、不愿"做大"（造势）的行事风格，也由于浮躁而没有文化的中国传媒缺乏应有的敏感性，诺丁斯教授的北京之行基本上是"悄悄地回，正如她悄悄地来"，没有它应该有的历史记录。

亡羊补牢，未为晚也。作为诺丁斯教授北京之行的邀请者和陪伴者，笔者郑重写下这篇纪行，聊解内心的歉疚，也与有缘人分享数日京城从游于大师的喜悦。

---

① "子诺子言"系套用先秦格式（如"子墨子曰"），以示对诺丁斯教授的最高尊重。

## 二、好事多磨

虽然直到这次诺丁斯教授来访我们才得谋面,但我与她的交往至少可以上溯到9年以前。而邀请诺丁斯的过程更是充满戏剧性的曲折。

2002年夏天我在威斯康星大学麦迪逊校区做高级访问学者时,就曾经因为提高在美阅读、研究效率和回国后遴选译介有关著作的需要,写信给包括诺丁斯教授在内的多位资深的美国德育专家,请教"最近10年美国最重要的德育理论/实践方面的著作名录"(表格形式)。诺丁斯教授不仅很快回复,而且还在我设计的固定表格之外另外推荐了几本著作,并细心说明了推荐的理由。而年底的时候,我则错失了一次当面求教诺丁斯的绝好机遇——当我按照诺丁斯在e-mail里给我的详细地址到斯坦福大学校园拜访她时,却发现她已不住在斯坦福校园里。原来她早已于4年前荣誉退休并转往哥伦比亚大学教育学院任教了,而我在一个月前刚刚访问过哥伦比亚大学!这是一个美丽的错误。但从此我就有了一个真诚的愿望,希望有机会能够由自己邀请从没有到访中国大陆的诺丁斯教授访问北京。

2011年初,北京师范大学教育学部启动"985"项目"国际教育前沿系列讲座",大力度资助邀请世界知名学者来校作讲座。作为关怀教育理论大师的诺丁斯教授当然完全符合条件。于是我在学部的支持下很快向诺丁斯教授发出了邀请,并顺势诚恳邀请其担任北京师范大学公民与道德教育研究中心的荣誉研究员。经过多次e-mail及电话磋商,她最终愉快地接受了两项邀请,并确定于10月4—10日来京讲学。但令人遗憾的是,就在最后一刻风云突变——3日晚,我收到诺丁斯表示抱歉的e-mail,说是由于她不了解到中国大陆需要签证、没有申请签证而被挡在登机口,再加上9月底刚刚痛失长子,她实在无法打起精神访问中国了!我虽失望之极,但也只好表示理解,等待更合适的机遇。

一个月后,我再次发出邀请,并通过好朋友、在南伊利诺伊大学任教的于天龙博士（诺丁斯曾是天龙教育博士论文委员会的成员之一）参与游说，终于再次说动了诺丁斯，她确定于12月5—10日访问北京师范大学。

12月4日，雾锁京城，许多航班停飞。为了及时了解航班信息，我几乎在电脑前刷屏刷了一整天。就在我为了筹备去机场迎接诺丁斯的细节、查阅e-mail的时候，却蓦然发现"最后一刻"的悲剧似乎又要重演了！——以"我不知如何对你说"开始，诺丁斯在e-mail里解释说，她所乘坐的美联航航班糟糕透顶。从纽约起飞抵达芝加哥转机时，由于两家航空公司的衔接出了问题，她被无端告知：到北京的航班取消了！4日晚至5日凌晨（纽约当时是上午），我一再尝试打电话到诺丁斯的家，终于打通。接电话的是诺丁斯的先生吉姆（James Arthur Noddings，昵称为Jim）。虽然未曾谋面，我仍然能够感受到电话那边的吉姆是一个典型的美国人，声若洪钟、十分豪爽。我说，吉姆，接到您的电话，是否意味着你们已经决定取消北京之行了？吉姆回答说，我想是的。强忍着强烈的失望情绪，我试着做最后的努力说：我理解你们现在一定很疲惫，但是，您知道吗，海报早已贴出去了，北京有太多的人在等着诺丁斯教授……而且吉姆，您自己不是也想看看长城吗？你们为什么不试一试，重新订票？吉姆笑了笑，同情地说他可以试着去和诺丁斯商量商量，然后看看能否买到合适的机票。一刻钟之后，吉姆居然朗声回电说，大陆航空告诉他们，还剩两张当天纽约直飞北京的机票，他们会马上出发去机场！

6日下午4点多，当我和温婉的诺丁斯、高大的吉姆在首都机场拥抱在一起的时候，我和一同前去迎接的博士生刘华杰都不禁有些手忙脚乱了——因为我们几乎都不敢相信这是真的：飞越万水千山，举世景仰的诺丁斯教授真的已经微笑着抵达北京了！

## 三、关怀伦理的言说

在北京，诺丁斯的主要活动有四项：12月7日下午，在北京师范大学英东教育楼 318 室与北京师范大学公民与道德教育研究中心研究生进行主题为"21 世纪的教育"（Education in the 21st Century）的非公开座谈；8 日上午，在教育科学出版社出席《内尔·诺丁斯文集》出版座谈会并发表即席演说；9 日上午，在英东学术会堂演讲厅作为北京市"德育专家大讲堂"的主讲人面向全市中小学教师演讲"道德教育与关怀伦理"（Moral Education and Care Ethics）；10 日上午，作为"国际教育前沿系列讲座"的嘉宾之一面向北京师范大学教育学部师生演讲"关怀伦理的语言"（The Language of Care Ethics）。可以说，每一场言说都是妙语连珠、发人深省、精彩之极。对我来说，至少以下三个方面的教诲让我受益匪浅。

### 1. 关系、同情与关怀

对于关怀伦理学或者女性伦理学来说，"关系"（relation）或者"关怀性关系"（caring relation）是最重要的关键词。诺丁斯在京期间的所有演讲都几乎一致强调了这一核心概念的至关重要性。

诺丁斯强调：只有注意、关切、接纳对象及其需要，"关怀者"（the carer）才能有真实的感受、动机，并找到关怀对方的切实方式；而"被关怀者"（the cared-for）的贡献也十分重要，因为只有他作出适当反应表明他切实感受和得到了关怀，真正意义上的"关怀"才能成立——"就像婴儿用停止啼哭来证实母亲的关心、学生对特定问题的嗷嗷待哺确证了教师对他的鼓励、患者用渐渐放松的呼吸来回应医护人员的关照那样"。一句话，只有在"关系"之中才有所谓的"关怀"。诺丁斯也由此来明晰区分关系型关怀与传统的美德意义上的关怀——"我们关注的是'关怀性关系'，而非只是'仁慈的美德'。当由于种种原因'关怀'不被被关怀者感受或接纳的时候，关怀伦理要求我们赶紧去做别的尝试，直到关怀关系成立。而美德伦理只是强调道德主体的个人参与、关怀者的德性品质，等等"；"被关怀者的反应如此重要，它不仅确认了关怀的存在，而且会进一步深化、拓展关怀关系，因而成为关怀关系持续发展的重要基石！"

虽然诺丁斯承认伦理性关怀不同于自然性关怀，但是她仍然坚持出于爱的倾向的自然之爱的重要性。"按照康德的说法，妇女有天然的善和爱的倾向，但是她们可能缺乏真正德性所需要的道德推理能力。"诺丁斯的反应是："虽然关怀往往需要精明的推理，但它更需要基于移情（empathy）、同情（sympathy）等情感以形塑的对于需要帮助者的关怀动机！"由此，诺丁斯特别强调"移情"及其教育的重要性。当然，诺丁斯还特别强调：关怀伦理强调的移情不同于一般意义上的同情——它不仅仅是对他人的理解，而是对他人的"感同身受"（feeling with）或者"读懂"（reading of）他人。也就是说，同情是对他人最深切的"理解+感受"。

　　鉴于在日常生活中我们只倾向于对于"我们（自己人）"产生同情，而不容易产生对于他者的同情，所以诺丁斯特别强调教育工作者最重要的努力方向之一应当是：通过批判性思考帮助孩子们打开自己的心扉，发展更加超越自我的同情心或者"关系性同情"。诺丁斯举例说：当一个孩子对老爷爷说了大不敬的话之后，传统上妈妈总是会教育这个孩子说："想想看如果别人这样对你，你会有什么感觉？"诺丁斯建议改成这样的互动："孩子，你那样说话，你觉得此刻爷爷的感受会是什么样子的呢？"

　　可以说，基于"关系"的思考，诺丁斯认为：聆听、关切他人的感受而非仅仅聚焦于自己，对于形成关怀、同情的品质都是至关重要的——而且，诺丁斯进一步认为"关系性同情对于国家事务、全球事务将变得越来越重要"。

### 2. 大地、合作与和平

　　内尔·诺丁斯是一个关怀伦理和关怀教育的理论家，而且她的理论思考本身也具有强烈的"关怀"特质。这一点几乎可以在她的所有言行中得到确证。令我印象深刻的是她对大地、合作、和平三个概念的独特解释。

　　在与研究生的座谈以及在教育科学出版社的发言中，诺丁斯都一再强调，她喜欢用"大地"（earth）而非"世界"（world）这个词汇去表达我们生活的这个星球——你瞧：大地是什么？它是土地，是万物生长的地方，最为关键的是，它是我们的"家"！而"世界"则是由一大堆国家这样的东西组成的一个空间而已，它充满政治、危险而不是安全与温馨。

由此，她特别告诫她的听众："千万别学美国——什么都要做世界第一！"因为当每一个国家都去拼命追求所谓的"世界第一"的时候，恶性竞争就会远远大于良好合作的可能，战争就会比和平的力量更大。诺丁斯特别强调21世纪教育要特别注意三大重要主题——"合作与竞争"（cooperation over competition）、"批判性思维"（critical thinking）和"创新"（creativity）。其中，通过教育培育合作与良性竞争的精神是诺丁斯最为关心的主题。因为这一主题既与世界和平有关，也与每一个人的学习与生活幸福紧密相连。只有每一个人都有机会按照自己的真正兴趣、特长等去学习、生活，而非简单、生硬地与他人作比较的时候，我们才可能获得最合乎人性的和谐发展。由此她特别反对对所有孩子都进行千篇一律的、"对孩子有用"的教育。虽然诺丁斯曾经在小学和中学工作长达17年，虽然她曾经是一个能够特别生活化地进行教学、深受孩子们爱戴的数学老师，但是她仍然坚定地宣称："什么几何啊、代数啊，大部分的数学知识，孩子们未来的日常生活都不一定能用得着。因此用不着非得逼迫所有孩子都学好那么多'有用'的数学！"

"千万别学美国——什么都要做世界第一！"不仅是诺丁斯一个人的忠告，而且是诺丁斯夫妇高度认同的共识。记得在教育科学出版社的午餐桌上，吉姆居然对我开玩笑说："教授，这些菜都美味极了！——我想，它们一定都是加利福尼亚出产的！"

12月6日下午刚刚抵达宾馆的时候，诺丁斯就送了我一本她的最新作品《和平教育——如何让我们学会相爱、拒绝战争》（Peace Education——How We Come to Love and Hate War）。我想，那一定是她基于关系、关怀理念而对世界和平与和平教育的最好建议。

### 3. 对幸福的诠释

教育科学出版社日前合集出版的《诺丁斯文集》已经收录了《学会关心——教育的另一种模式》《始于家庭——关怀与社会政策》及《幸福与教育》三本著作。其中《幸福与教育》是龙宝新博士随我读博期间应我的要求所译，虽然译文不免生涩但却引起了社会较为广泛的关注。友人曾经对这本书发行量迅速攀升颇为困惑。但对我来说，这一点都不奇怪——原因一方面在于，幸福作为最重要、最终极的教育目的主题，在功利主义价值观、教育观横行的中国社会中较易引起许多头脑清醒者的共鸣是十分自然的；另一方面则在于诺丁斯教授本人基于关怀伦理对于幸福及其教育意义、教育实现诠释的深刻与生动，对读者来说有思想与生活的双重吸引。

在教育科学出版社回答记者有关问题时，诺丁斯的诸多解释则立体展示了她对幸福主题充满灵性、睿智的通透思考。

有记者问：诺丁斯教授，您一生写了18本著作，一定很辛苦，一定克服了许多困难、忍受了许多常人所不能忍受的痛苦。请问，您是如何战胜这些困难的？

诺丁斯的回答比记者的提问要言简意赅得多。她只是莞尔一笑，然后轻轻地说："写作于我来说是一种享受（I enjoyed my writing）！"

当记者没有听懂诺丁斯教授的回答，继续在这一问题上纠缠时，本来坐在较远处的吉姆走过来坐到诺丁斯身边，然后笑着插话道："诺丁斯写作的时候喜欢放背景音乐……所以反过来，当我们家里人听见诺丁斯房间里响起背景音乐的时候，我们都知道是该保持安静的时候了！"也就是说，写作或者劳作其实是诺丁斯幸福生活的一部分，而非相反。这当然是在病态的教育体制和异化的劳动过程中"遭罪"甚多的人们所难以想象的。

另外一个记者问：什么是幸福？或者说，对您来说什么是幸福？

诺丁斯回答说：幸福的解释很多，很难下一个大家都认可的定义。对我个人而言，幸福意味着以下几个要素：首先，幸福意味着良好的人际关系。我有很好的婚姻，吉姆和孩子们都很爱我。我还有很好的邻居关系、同事关系，我有许多好朋友，如此等等。生活在良好的人际关系之中，对每一个人都十分重要！第二，事业上的成功。这无须赘言，但十分重要。第三，有时间看自己喜欢看的书。第四，我还在闲暇时间做点园艺，在海边（诺丁斯现在的家在新泽西的海滨）散步，看太阳升起和落下……诺丁斯坚定地宣称：我是一个女权主义者，但是我同时愿意为家人准备最好的晚餐，将家布置得温馨、漂亮，我也是一个"小女人"！

我曾经在自己的一个小册子里将幸福定义为"人的目的性自由实现的一种主体生存状态"，诺丁斯的解释引起了我强烈的认同。同时，我还在边听边想，第三点可否与第四点合并呢？合并起来似乎逻辑上更整齐，但是一定也有巨大的遗憾。因为"看自己喜欢看的书"，如此简单，又如此难得，对于一个人和谐的生活又是如此的重要，且这一重要性不仅是对知识分子的，而且是对每一个全面发展的人的！诺丁斯特别单列这一条作为幸福生活的要素，也许是因为她十分清楚地知道，现实中许多人的遭遇是被异化的阅读任务所困，而非享受自由人文化旅行的幸福。那一刻，我有一种十分强烈的感受：作为一个关怀伦理、关怀教育的理论大师，诺丁斯是在向我们"展现"而非仅仅"言说"关怀、幸福等重要的人类生活主题。

## 四、知行合一的人师

我认为在当代伦理思想家中有两个人在知行合一上最堪为人世楷模。一个是《敬畏生命》（*Reverence for life*）的作者阿尔伯特·史怀泽（Albert Schweitzer, 1875—1965，又译施韦泽），另外一个就是《关怀：女性伦理与道德教育》（*Caring: A Feminine Approach to Ethics and Moral Education*）的作者内尔·诺丁斯。拥有哲学、神学和医学三个博士学位的史怀泽不仅在理论上从生命的神圣性出发唤起人们对于所有生命的敬畏之心，而且从30岁开始就"听从上帝的召唤"在非洲中部为最穷困的人们工作、奉献了一生。而内尔·诺丁斯,不仅是一个从伦理学、心理学、教育学、社会学等角度提出和不断完善她的关怀伦理、关怀教育理论的哲人,而且和史怀泽一样彻底将关怀伦理贯彻到了自己日常生活的每一个细节。比如她的 10 个儿女中,就有多达 5 人是收养的,这在斯坦福大学校园和全世界所有知道诺丁斯的地方都一直是大家津津乐道的美谈。北京之行的许多生活细节都生动地诠释着她的关怀伦理。

除了年事已高,邀请诺丁斯的另外一个困难是我的朋友于天龙博士对我透露的:诺丁斯教授与老伴超过 60 年的相濡以沫的生活使得诺丁斯在国际旅行时往往希望丈夫吉姆能够陪伴左右。果然,当诺丁斯教授答应来北京时,她就十分不安地问我,能不能允许她买两张经济舱(和吉姆一起来)而非一张头等舱(只邀请她一个人)。而且她还解释说,实际上两张经济舱的价格比一张头等舱还要便宜。我马上同意了她的提议,然后在取得有关领导的支持后请诺丁斯买两张公务舱机票来京——因为毕竟她和吉姆都是年逾八十的老人,即便我们财政上再紧张,也该让她的 13 个小时不间断飞行稍微舒适一些!诺丁斯很快回复,除了表示感谢之外,在 e-mail 里说得最多的是公务舱"出奇的贵"(They are horribly expensive),她说将让吉姆尽可能找到有折扣的机票——其结果是买联程机票、到芝加哥转机而航班被无端取消!这一点反使我由衷惭愧——2010 年年底伦敦大学邀请我去作有关公民教育的主题演讲、对方给我买头等舱往返机票的时候,我只是感受到了巨大荣誉而非价格昂贵带来的些许心疼!

在北京的三场演讲中,诺丁斯教授都一直坚持站着与听众交流。尤其是第一场与研究生的三个小时的交流活动中,当诺丁斯站着讲了一个多小时之后,我曾经冒昧打断她,提醒她可以坐着讲,但是马上被坚决拒绝。我小声问为什么?诺丁斯的回答极其简单、有力:"因为我是老师(Because I am a teacher)!"是啊,我也是一个老师,而且同为教育学的研究者,我们当然都知道站着就意味着更高的交流与教育的效益。但是作为一个小诺丁斯 30 多岁的人,年近半百的我都常常在长时间的演讲中备感疲惫,我是多么地希望这个耄耋老人能够稍微节省一些体力啊!在那个时刻,我只能和我的学生们一起报以最热烈的掌声,以表达我们最真诚的敬意。

到最后一场演讲了。诺丁斯特别关照到了在接待她的全程中担任总协调角色的博士郭冰——一个她孙女辈分的小女生。她拿出自己从美国带来的最新著作《和平教育》郑重签名后作为礼品送给了郭冰。当她从所住酒店离开得知郭冰不能陪她去机场的时候,我想她在内心一定有些许不舍。因为在路上,她突然十分认真地对我说:"郭冰是一个非常漂亮、善良、聪明、能干的好孩子!"

实际上,内尔·诺丁斯关心每一个进入她视野的人。就像她在演讲中举例解释"关系"与"关怀"的关联时所说的:"关系与关切、关怀连在一起。比如在来演讲的路上,许多人和我打招呼,我知道他们都是远道而来听我演讲的,他们与我就建立了特定的'关系'——而这个关系也意味着'关切''关怀'……"她的关怀阐释当然十分精彩、珍贵,但是我以为最为重要的也许应该是她在用自己的生活实践去阐释她所倡导的价值观。而用自身生活去阐释的价值观就不仅是一种学术,而且同时是一种最伟大的信仰!

## 五、再见,诺丁斯!

有朋自远方来,不亦乐乎?但不到5天的时间转瞬即逝,离别几乎与欢迎处在同一个时刻。10日下午,我和研究生柴亚红一起将诺丁斯和吉姆送达机场。在检票口,我们伫立了很久,直到看不到相互依傍、踽踽而行的两位老人的身影。

一天后,我收到了诺丁斯老朋友般报平安的 e-mail——

Dear Chuanbao,

Just to let you know that we had a good flight and are now safely at home. Our visit in Beijing was wonderful, and we both thank you for the gracious hospitality. I do hope to see you again sometime in the not too distant future. With kindest regards.

Nel

在送走诺丁斯、讨论关于接待诺丁斯的遗憾的时候，一个友人曾经对我直言：毫无疑问，你个人完全对得起诺丁斯。但是由于你没有能够成功引起中国学术界、新闻界的更广泛的关注，作为知识分子你没有担负你应承担的社会责任！我想，在一定意义上说，这一批评是对的。但是我也一再反问过我自己：如果我以商业、炒作的方式盛大欢迎诺丁斯教授，那个我还是本来的我吗？更为重要的是，以诺丁斯教授为人平和、沉静与超越的风格，如果我们以那样的方式接待她，真的是对大师更大的尊重吗？

无论如何，承蒙许多人的支持，我想我已经完成了自己学术生涯中一次最重要的任务，也实际玉成了中国当代教育史、学术史和文化史上一个重大事件——我们从学术和教育的角度纯粹而真诚地促成了诺丁斯教授的第一次北京之旅。桃李不言，下自成蹊。我坚信，诺丁斯在北京的所有言说都一定会对中国的教育、学术与社会发展发挥历久弥深的实质性影响。

（本文发表于《人民教育》2012年第2期。）

# 博士论文后记

## 一、"To be"

"To be"表示以下实事：

a. 古人云："一日为师，终身为父。"三年来，导师鲁洁教授给了我这个孱弱的水手无以复加的宠爱与呵护。先生是我事业之旅最艰难的夜航的灯塔。对于我来说，她不仅是这短短的三年而且是我永生的幸福的源泉。我的生命从母亲开始，我的事业在导师的瞩望中成长[①]。

b. 我的亲人们为我能戴上博士帽作出了最无私的奉献和牺牲。"父母在，不远游。"可就是在我年迈的双亲日见力衰的时候，我在他们的泪水中挥泪远行。直到今天，仍然是一个娇小瘦弱的女性（我的妻）在皖西南那座小县城里为我支撑着一个真实的家。是她为我悉心打点每一件行装，同时也一次次用微笑洗去我满面的征尘……实际上，我远在四方的兄弟姐妹，我情深而体弱的小儿，我所有的亲人都是握住我用以写作论文的那杆沉重钢笔的手！

c. 北京而南京。五年，尤其是最近的三年是我最为充实、小有收获，同时也是我掉头发、长额纹最多的年头。

## 二、"Ought to be"

"Ought to be"表示以下遗憾：

---

[①] 我以同样诚挚的心情感谢我的硕士导师贺允清教授，母校北京师范大学及所有赐予我学术生命力的老师们！

a. 我本应上呈一份最美丽的画卷，这是我报答师恩的最好办法。从某种意义上讲我是一个被宠坏了的孩子。我的懒惰、我的顽愚都使我无力改正这本学位论文的一些最基本的缺陷。我拖欠了我敬爱的导师一笔感情债务。

b. 我同样负债而行，面对我的亲人。我选择的注定是一条荆棘丛生的道路。我的事业和职业都将决定着我也许既无力奉献，也无法回报，不仅现在，而且永远……或许，我的生命或我的文字会化作无边的月华，在睡梦中成为亲人们的风景。

c. 我的航行本应更高、更远……

### 三、"Nothing，but my heart！"

文学大师泰戈尔在离开中国时，有人问他落下（忘记）什么（行李）没有。他说："Nothing，but my heart！"在这座"东方最美丽的高等学府"[①]中，我的第一次真正的航行即将结束。"Nothing，but my heart！"我的心情与大师相同。

"自信人生二百年，会当水击三千里。"我想对我的摇篮、方舟或我的母校说：你既给了我驰骋疆场的力量，那么，请让我横枪立马，请让我扬帆远航！

---

① 南京师范大学被誉为"东方最美丽的高等学府"。

# 心的旅程
——《德育美学观》创生记

## 一、实践播下的种子

一本书的写作时间也许很短,但是它的酝酿之期却可能旷日持久。根据我的博士论文修改而成的《德育美学观》写于1995—1996年,大约一年的时间,可是它的缘起至少可以追溯到1983年。

1983年夏天,大学毕业的我,背着最简单的行囊,回到了四年前我的起点——皖西南一所普通中学(安徽省怀宁县皖河中学)。当年,学校的条件是很艰苦的。我的宿舍兼办公室的天花板就是芦席吊顶而成的,而地面则干脆是凹凸不平的泥土。当我走进课堂开始我的第一节课时,我仿佛觉得四年大学生涯似乎只是使我挪了一小步——从讲台之下走到了讲台之上。

最初的沮丧很快如过眼烟云。面对讲台下那一排排天真无邪、如饥似渴的眼睛,平民出身的我很快就感到了自己的责任与使命,我很快就进入了角色。在中学工作的八年中,我从初一教到高三,当过政治老师、班主任、校教务主任,是一个地地道道的"德育实践工作者"。不过,与别人不同的是,我一直延续了自己的业余爱好——文学创作。八年间,我先后在《诗歌报》《清明》《安徽文学》《青春》《青海湖》等文学报刊上发表了诗作60余首,小说、散文作品20余篇,成了当地有名的"诗人"、市作协的成员。文学和美学的学习与实践使我的气质、语言等都具有某种特色。这不仅使我区别于我的同事,更令我自豪的是,我赢得了我的学生们的爱戴——不是因为我能以较高的效率使他们获得最高的考分,而是由于我能使枯燥乏味的课程变得稍微生动一些。有一个高三学生曾私下对我说:"老师,我真希望您能做我们的语文老师!"我曾为此激动过许久。

形象生动的语言、多种艺术手段的应用,使我获得了教学上的初步成功。而这一小小的成功又促使我思考更大的问题。我很快就有了"彻底改善"中学德育实效的强烈愿望。正是怀着这样一种强烈的愿望,1991年我考入北京师范大学,重新开始了学习生涯。可以这样说,《德育美学观》完成于1996年,但这棵植物的种子却是在我长达八年的中学教学生涯中由德育实践种下的。

## 二、瑞雪金陵

> 空屋窗寒倦五经,
> 驰心形上天姥吟。
> 楼外小姑惊鹊起,
> 瑞雪金陵万里晴。

这是1995年底,《德育美学观》写作接近尾声时我写下的一首"拟七绝"。头两句记录了当时的疲惫与艰辛,后两句则表达了有所心得后的无比喜悦。扪心自问,我自己认为《德育美学观》作为我五年间从硕士到博士学术之旅的最终成果,是对得起这些年自己的热切的希望、不顾一切的心血投入的——尽管它仍有许多缺憾。我想,至少它在两个方面是有所突破的。其一,实现了德育论与美学的交叉。尽管以前有人零星讨论过德育艺术等德育美学的相关问题,但教育学与美学的交叉还主要停滞于一般的教育美学及教学美学、教师美学这样一些领域。德育论与美学的交叉在国内还是第一次。其二,《德育美学观》所实现的德育论与美学的交叉达到了一定的深度。"德育美学观"与"德育美学"虽然只有一字之差,但却反映了我这样一个理论追求:我的交叉研究着眼的是两个学科之间的精神沟通,是以寻求新的德育理念(德育观)为探讨目标的。这使我的研究区别于流行的交叉方式,那些交叉的缺点往往是仅仅满足于美学范畴的教育学套用、满足于新的教育技巧的发掘。

  上述进展的取得，一个十分关键的因素是我的导师鲁洁教授。

  1993年，当我顺利实现提前攻博的目标坐到敬仰已久的导师面前时，我本也只是打算按照流行的方式写一本《德育美学》的，其主要内容将是教师的语言艺术、板书艺术、课堂结构、教学节奏等技术性课题的探究。鲁老师听完我的想法，肯定地对我说："你是搞教育基本理论的，因此你要奉献给大家的首先是思想，而不是技艺。技艺是重要的，但首先必须有驾驭它的灵魂。"老师的话振聋发聩，如一轮红日驱散了朝雾，照亮了我的学术之路。在南京的三年博士学习生涯中，我无时无刻不是朝着寻找新时期德育之魂这样一个方向奋力前行的。"谁言寸草心，报得三春晖。"如果我的《德育美学观》有所心得、有所奉献的话，我想这主要应归功于恩师当年富于睿智的指点。

## 三、幸运与使命

  就像1983年画了一个大圆圈回到了中学时代的母校一样，1996年夏天，我则在盘旋了一个更大的圆圈后回到了我的母校——北京师范大学。这一次，我是参与了较为激烈的竞争，争取到本年度全国唯一的教育学博士后名额而得以回京的。而博士论文《德育美学观探讨》则是我顺利进站的重要通行证。

  我常常跟友人说：我的一生充满了幸运。上大学、考研、考博，这些关隘对别人来说往往有重重险阻，而于我幸运之门却似乎一直是敞开的。不过这一次与其说是幸运感不如说是使命感占据了我的身心。进站伊始，过去在硕士阶段曾经在学术上哺育过我的老师们几乎是异口同声地对我说：我们挑选你，除了你的业务水平之外，一个重要原因是你是搞德育的，而北师大、整个中国未来都需要更有学术分量的德育理论工作者！

我不知道我能否不辱使命。但是我将不惜代价进入更新一轮的"苦其心志,劳其筋骨,饿其体肤"的航程。使我充满信心的是,就像夏日的校园里有的是翠绿与浓荫一样,北京师大,这块历史悠久、名家荟萃之地有的是关心爱护、全力奖掖年轻学人(包括我在内)的学术前辈。他们无疑是最有力的风,而《德育美学观》,则肯定将是一叶启动这一航程的帆!

# 《教师伦理学专题——教育伦理范畴研究》再版自序

《教师伦理学专题——教育伦理范畴研究》自 2000 年出版以来已经八年多。其间本书多次重印，总发行额度已逾 2 万册。作为一本严肃的学术著作，我为这本书不错的发行量感到些许欣慰；但是作为一本讨论教育热点、重点问题的著作，笔者又常常为本书没有达到更大的发行量而备感遗憾。

感到遗憾的主要原因是两个：一是我自以为本书是一本好书。一个重要的证明就是几乎每一次依据本书的某一个章节展开的演讲都能引起广大教师朋友的强烈共鸣和热情的肯定。近年笔者接受邀请辗转全国各地"讲"师德的过程实在是一次次幸福的旅程，我由衷希望和更多的读者分享这一幸福。二是师德建设的社会需求十分强烈，而较高品质的师德方面的研究和著作不多。大量直白诠释现行师德规范的肤浅之作以及简单演绎伦理学研究成果的偷懒学术，仍然是目前教师伦理研究的流弊。如果本书发行效果更好一些，则本书作者尽更多"匹夫之责"的可能性也就更大。故出版社愿意再版时本人慨然允诺。

本书这次再版主要变更的是附录部分，一是用新的《中小学教师职业道德规范》(2008) 及其解读文本替换了 1997 年颁布的旧文本，二是增加了美国、中国香港两地教师专业道德规范的几个文本，以方便读者作深入的比较与探究。附录虽不是著作的主体，但笔者认为好的附录也会对读者提供有益的帮助，也是一本"好书"的理由之一。

戊子金秋，教育部、中国教科文卫体工会全国委员会再次修订和印发了《中小学教师职业道德规范》。教师专业道德建设作为教师专业化、教师教育专业化的重要组成部分的重要性已经被越来越多的有识之士所认同。本书再版正当其时。

# 《走向德育专业化：学校德育100问》前言

本书创作工作启动之前，我们就反复自问：在教育图书汗牛充栋、广大读者目不暇接的当下，为什么我们还要编撰这本《走向德育专业化：学校德育 100 问》？

编撰本书的最重要的理由，当是教师"德育专业化"的必然要求。

由于观念的错误，"教师的专业化"在全球范围内几乎都等于"教学的专业化"，等同于教学技能如教学设计、课件制作等教学技术的学习。而由于体制的原因，多数国家新教师在入职之前鲜有有关德育工作的专业训练，而教师入职之后的继续教育环节，德育专业能力的培育课程或者没有，或者即使有也是极其偶然的安排。这样，在宣称高度重视德育的当代社会，"摸石头过河"至今仍然是绝大多数教师德育专业成长的主要模式。这一点实为我们德育长期实效低下这一顽疾的症结所在。

十多年前，面对一些人对教育学重要性的质疑，中国教育学会会长顾明远教授曾经十分愤慨地反问：为什么养猪养狗都要有个兽医学，培育人类下一代这样重要的工作却可以不要教育学？！具体到德育领域，我们完全可以进一步追问：为什么课件制作这样的教学技术都是"教师专业化"的应有之义，而培育人心灵的德育艺术却长期不在"教师专业化"的视野之内？！

因此，无论从哪个角度看，21 世纪的中国乃至世界德育实践都应当告别经验型，走向专业化。必要的德育思想流派借镜、必要的理论课题研讨、必要的德育实务学习都应该尽快进入专业型教师培育课程的核心模块。本书将有关德育理论、德育流派、德育实务的学习及德育热点问题的研讨与解析汇集成册，主要的用心是想为全体中国教师

（而非仅仅"德育教师"）的德育专业化尽绵薄之力。

编撰本书的第二个因缘就是我们与北京市教育委员会的真诚合作——"北京市未成年人德育专家资源数据库"项目建设的迫切需要。

"北京市未成年人德育专家资源数据库"项目是由北京市教育委员会委托、北京师范大学公民与道德教育研究中心和市教委德育处（现已合并进基础教育处）以长期合作的方式开展的一项教育开发项目。资源库建设的目的是架设北京市德育专家资源和各区县、学校之间的桥梁，传递未成年人思想道德教育的前瞻性理论和相关信息，为市教委及区县、学校解决其所面临的未成年人思想道德教育的热点、难点问题提供专业支持。2006年3月22日，北京市德育专家资源库建设项目正式启动。目前我们已经完成的工作主要是两项。一项是我们已经按期顺利建成"北京市未成年人德育专家资源数据库"，实现了数据的定期更新，并将主要数据资源呈现在"北京市中小学德育专家资源网"上（网址：http://deyupro.bjedu.cn）。另外一项工作是我们依托专家资源库建设开展了系列"德育专家大讲堂"活动。目前已经成功举办九场，受到了数千位中小学校长和骨干教师的热烈欢迎。

但是资源库、资源网的建成、维护只是"万里长征第一步"，更重要的工作乃是让北京市乃至全国的德育工作者能够关注、使用我们的专业服务。拿北京市教育委员会分管领导的话说，就是让资源库"活起来"。于是我们决定通过广泛深入的调查研究，收集北京市中小学德育工作面临的具体问题，而后结合我们的专业判断，用两年多时间完成这本以服务一线德育为最高宗旨的《走向德育专业化：学校德育100问》。

编撰本书的第三个考虑，乃是一个纯粹技术的考虑——我们希望完成一本深入浅出、大众化的教师德育专业化读本。

在专业知识的普及上，艾思奇先生的《大众哲学》、中国少年儿童出版社出版的《十万个为什么》等书都是最成功的范例。特别是《十万个为什么》，采取一问一答的方式介绍各类科学知识，言简意赅，深入浅出，趣味横生，十分符合广大青少年读者的认知水平和阅读特点，已经成功影响了一代代青少年的健康成长。

我们衷心希望我们奉献的是一册教师德育专业化方面的《十万个为什么》。所以我们不仅完全借鉴了问答形式，尽量言简意赅、通俗易懂，而且特别注意引入现实生活中的德育热点、难点问题的分析，以有效增强阅读的吸引力。此外，我们还以"相关链接"的形式推荐阅读线索，以期读者进一步拓展自己的专业视野；附录则选辑了"北京市德育专家大讲堂"系列活动的部分讲演稿，以方便广大读者对相关问题进行更深入的探究。

最后需要说明的是：一帮北师大研习德育的书生，虽然"年轻"气盛、豪情万丈，希望在内容和形式上都有所突破，但是本书的写作过程已经让我们有了许多"写然后知不足"的深切体会。《走向德育专业化：学校德育100问》与其说是一种学以致用的教育专业的努力，不如说更像一个初生的婴儿的微笑，充满希望，但活泼的生命才刚刚起航。真诚欢迎广大读者用阅读、对话和批评指正的方式来支持我们的努力！

# 《名言集韵》序

2010年新春伊始收到方承民兄寄来的《名言集韵》书稿,就像收到了一枝怒放的报春花,心中充满了胜日寻芳的喜悦。新课改已经近十年矣,真正用心、用好课改政策开展校本课程建设的学校迄今仍属凤毛麟角,但是有《名言集韵》这样好的样本,就足以证明基础教育的春天已经悄然来临!

我之所以十分赞赏《名言集韵》,一个很重要的原因就是它有效针对了中国德育、教育的一个最大的弊病——文化品性、文化根性的遗失。

世界上德育、教育成功的国家和地区不在少数。他们的一个共同的特点就是所有的改进都建基于本民族的文化传统之上。举凡欧美发达国家、东亚先进诸国莫不如此。最切近的例子应是日本、韩国、新加坡。他们的教育体制在近代都已经焕然一新,但是儒家文化等传统不仅没有被全盘抛弃,相反,所有教育现代化的努力都是嫁接在本民族传统文化的深厚基础之上的。反观中国近代发展,经历"五四""文革"等激进的"斩根"运动,泱泱大国的教育历尽劫难却常常茫然不知所措,很重要的原因就是失去了民族文化上的自我与自信。而无根的德育、教育又会因为这一文化连续性的丧失而失去真实的生命力。人们一直对"德育实效性不高"等现状心急如焚,但是我们却常常忘记了:正是因为我们的教育之"无根"才使得我们的教育的可信度下降(一会儿全盘肯定、一会儿全盘否定,儿童甚或成人都会无法相信某些价值与规范的合理性),地位下降(只要人们不将传统文化的传承看作是一个民族在文化上生死攸关的问题,只要教育仅仅被看作是谋生术,教育的珍贵价值就一定会被大大遮蔽)。《名言集韵》的努力目前虽然可能只局限在一地、一校，然其启示的方向对于我们民族文化复兴基础之上的教育、德育复兴的意义不可限量。

中华民族的教育智慧之一不仅在于我们历来高度重视德育，而且在于我们一直重视教育内容和形式的审美化。孔子所言之"兴于《诗》，立于礼，成于乐"等文以载道的教育思想一直是世界级的教育智慧，至今仍具勃勃生机。《名言集韵》仿《增广贤文》等优秀文化典范，广罗古今名言警句，按韵编排，集品德教育、文化陶冶、审美欣赏于一短小精悍的手册，堪称继往开来、推陈出新的教育创新之作，非教育事业的真热情、文化功力的厚积淀者不能为也。故《名言集韵》实乃我皖江文化涵养的结晶、中国基础教育的奇葩。同时我也深信，朴初中学的同学和其他相关读者一定会从《名言集韵》中获益良多！

承民兄与我一起于1983年夏毕业于安徽师范大学。此后虽天各一方，但是因为同在教育战线，仍然是"传道、授业、解惑"的同志。而就对教育的理解而言，我们的交集更多，我的博士论文《德育美学观探讨》（1996）的主要努力方向就是倡导德育和教育的审美化。故收到《名言集韵》后，最有惺惺相惜的通感与喜悦。作为昔日同窗和今日同道，我不仅为学兄的这一力作而由衷骄傲，而且为这一作品必定产生的良好的教育及其示范效应而欢欣鼓舞。

收到书稿时是料峭初春，但是反复研读后惶恐草就拙文时窗外已经春意盎然。遥望南天，唯愿继续与兄携手同行，为国家教育事业的春天共同耕耘！

# 冯婉祯博士论文序言

2011年春天在古都洛阳,笔者曾经为一种盛开的牡丹特别地感动。那一品牡丹名为"洛阳红"。既非"桃红飞翠"般的轻柔,也非"宫样妆"①那样的光艳,"洛阳红",实际上是一种活力十足、雍容华贵但恰到好处的正红。

国花园里,"洛阳红"马上令我想起冯婉祯和她的博士论文。这不仅因为婉祯是来自河南的学人,最主要的是因为她完成的恰是一个追求"恰到好处"的论证——"以权利为基础的教师专业伦理的边界研究"。

在当代中国,有两种十分明显的有关教师伦理的错误思维。一种是误读市场经济、权利意识的发展而日益猖獗的"去道德"思维。在一些人眼里,师德已经逐步蜕变成一块没有、也不能有底线的遮羞布。而另外一种则是误读师道尊严的传统道学思维,人们已经将事业的崇高演变成一种压抑教师生机与活力,甚或大肆侵犯教师自然权利的道德暴力。显然,合理的教师伦理建设正在这两个极端之间。于是,"教师专业伦理的边界"问题就是一个极具理论价值和实践意义的课题。

婉祯的博士论文《以权利为基础的教师专业伦理的边界研究》正是围绕"教师专业伦理的边界"问题,以自由主义为主要理论工具依次展开对教师伦理的理论边界、现实边界与可能边界的理论分析,并对我国教师伦理边界的现状进行绵密细致的现实考察的。论文对教师专业伦理边界的探讨,不仅在理论上丰富了教师伦理学的研究,为评

---

① "洛阳红""桃红飞翠""宫样妆"均为牡丹品名。

定教师专业伦理内容的适当性提供了重要依据，也为有效推动教师专业伦理从现实边界向理论边界转变提供了具体建议。这对提升教师伦理学的研究水平、加快我国教师专业伦理建设都具有十分重要的意义。

虽然早在2007年春天略显稚嫩的婉祯来北师大英东楼面试的时候，就因为综合素质的美好为包括我在内的面试老师们所欣赏，但是作为她的导师，我仍然在很长时间里为她能不能成为一个很好的教育学原理专业的博士生而暗自踌躇——因为她以前的专业从本科到硕士都是研究具体问题较多、不见得长于思辨的学前教育。三年后，当她高质量完成了她的极富理论气质的博士论文时，我不禁由衷为之惊叹、叫好，一如今年春上有幸遇到美丽的"洛阳红"。

当然，婉祯和她的论述都还是年轻的。自由主义为基础的论证显然会有自由主义的局限性；在防止侵犯教师的基本人权的同时，如何处理好理想道德与底线伦理的关系等也仍然是需要继续深入讨论的问题。"洛阳红"，也许应该是我们对这位年轻学人最恰当的祝福与期许。

# 张宁娟《论批判型教师及其成长》序言

2005年夏天,笔者曾经有幸在南京师范大学聆听过英国教育哲学学会前主席特伦斯·麦克劳克林(Terence McLaughlin)先生的一次精彩演讲。那次演讲,除了先生英国特色的绅士风度给我留下了十分深刻的印象之外,让我激动不已的就是他关于"批判的批判"的观点。特伦斯的大体意思是:批判要有边界、前提,否则就不成其为真正的批判;对一些人类社会的基本价值的挑战要十分小心,否则就会导致批判本身的混乱。的确,在一个批判性匮乏的当代社会,我们不仅缺乏必要的批判,也同样缺乏对于批判本身的必要警觉。一些哗众取宠的所谓"批判"之所以能够凭借某种话语霸权横行并祸害天下,就是因为大众欢呼批判的时候完全放弃了对于批判本身的反思。

当然,我特别赞赏特伦斯的意见,另外一部分原因是因为张宁娟博士此前很长一段时间一直在与我讨论"批判的批判"。宁娟的博士论文(即现在的《论批判型教师及其成长》)选题实际上正是一种具体的"批判的批判"。由于师生关系,我们在对话中很多次共同审视、讨论过教师批判的边界问题。

《论批判型教师及其成长》一书中有许多重要和睿智的观点,但是我最为欣赏的还是作者那句"(批判型)教师不仅有能力进行知识分子式的批判,同时也有义务承当知识分子批判的人文关怀。因此,所谓的批判型教师是指具有知识分子批判能力与精神承当的教师"。在整个论说中,宁娟不仅从教师与知识分子的关系入手,论证了批判型教师的知识分子身份,而且对"教师的批判"作了十分精致的界说。也正是因为"批判型教师"概念有了严格的边界,她对于"批判型教师"成长的内因、外因以及批判型教师成长的培育等命题才有了与众不同的理论建构。这一点得到了当年参与博士论文评阅和答辩的专家们的一致好评，我本人也一直为她的这一成绩而由衷自豪。现在，我更愿意向更多的读者推荐她富于创造与激情的视角、论述和结论！

  我经常将我指导过的研究生们比喻为一茬茬麦子，也常常有农民般收获的喜悦与自豪的感叹。我以为，《论批判型教师及其成长》属于我的麦田里头最硕壮的麦株！当然，种稻子、麦子的方式各不相同，有农人直接劳作的方式，也有像袁隆平那样搞科学研究的方式。如果我是地道的农夫，则我更愿意我的学生做袁隆平。我之所以这样说，是因为宁娟不止一次地表达过对于教师职业的真诚向往或者没有做成教师的遗憾（她现在在中央教育科学研究所做专职的教育研究工作）。我认为没有做成教师也一样可以对教师的工作或事业作出贡献。因为教育事业是大家的。我衷心希望这个以没有做成教师为人生一大遗憾的青年学人能够永远保持对于教师和教育事业的满腔热忱，在今后的教育研究中给正在腾飞的古老中国增添一份青春的力量！

# 小学堂的大气派
## ——大关小学百年华诞纪念册序

大关小学——西子湖畔一所校园面积不大的"小"学堂，却是新中国教育版图上具有大中华文化气派的一颗璀璨的明珠。大关小学，小学堂有大气派，原因不仅在于纪念册已然呈现的诸多荣光，而且更在于这些巨大成就蕴涵着的"美丽的教育"的高贵气质。

我十分赞赏大关小学的校训："求美、向善"，也曾以"美善相谐"四字与学校同仁相互勉励。这是因为，在当下几乎以课业成绩取代一切教育旨归的滚滚流俗中，敢于旗帜鲜明地以许多人不太重视的美育、德育为着力点和办学特色，唯有大胆识或大气派的教育工作者所能为也。

卓尔不凡的高品质教育的核心、前提，无疑都是高品位的教育理念及教育者长期坚守这一理念的高度自信。大关小学不仅勇敢继承了中华民族"兴于诗，立于礼，成于乐"的伟大教育传统，而且在一百年尤其是最近十多年的教育实践中成功地将"诗教""乐教"的传统智慧光大成为了"美丽的教育"活生生的教育现实。大关的教育是美丽的。大关教育的美丽不仅表现在已有的丰硕成果——那些在祖国各条战线上功勋卓著的校友和各著名高等学府里的优秀毕业生，而且表现在大关校园生活每一天的鲜活与精彩——孩子们善良、勤奋、个性鲜明的发展状态和活泼、幸福、多姿多彩的学习风貌。换句话说，大关教育之最可贵处在于：学校不仅为孩子的美好未来奠定了厚积薄发的基础，而且为儿童的当下幸福创设了阳光灿烂的乐园。

大关小学与我个人的"欣赏型德育模式"研究有着最美丽的相遇。在追求"美丽的德育""美丽的教育"的理念上，我更是大关小学老师们的同事和同志。我非常高兴和自豪地看到大关小学不仅已经成为浙江省基础教育的领头雁，而且已经成为全国高品质教育理念的先行者。更令我高兴和自豪的是，大关小学作为大气派中国教育的一个样板，正越来越多地在世界范围内精彩诠释着"诗教""乐教"的教育智慧和"美丽的教育"的人道追求。一百多年来，中国的教育现代化主要是采取向先进国家学习的"拿来主义"的模式。但只要有越来越多的大关小学这个类型的教育实践，我们就有充分的理由确信，中国当代教育智慧贡献世界的时代正在甚或已经来临！

从1910年古运河边的觉民初等小学成立计，大关小学的历史已逾百年。百岁于一个人当属高寿，但对于一所以接续、光大民族与世界文明为使命的学校来说则可能只是初春枝头嫩芽一般的年纪，锦绣前程才刚刚开始。值此大关小学百年华诞之际，我谨以同事、同志的名义向全校师生致以最由衷的青春祝福，祝愿大气派的大关教育之花在未来的岁月里有着更加精彩动人的美丽绽放！

# 成为北师大新的光荣
## ——在教授受聘仪式上的发言

各位领导、各位老师：

我非常高兴能够作为受聘教授的代表在这里发言。

在刚刚过去的 2000 年的岁末，我们十分荣幸地通过了专家们的严格评审，获得了北京师范大学的聘任；在新千年刚刚开始的 2001 年的年初，我们又怀着十分喜悦的心情在这里接受学校领导给我们颁发的聘书。一种令人愉快的巧合已经使我们这样一批北师大人有幸成为真正跨世纪的北师大教授。

我们知道，所有的时刻都不过是一种时光流逝的标记。从纯粹计量的意义上说，标记与标记之间并无实质上的不同。但是人类历史上的某些时刻又的确具有使人无限遐思的特殊意义。2001，是一个新的世纪、新的千年的开始。在这个新千年的巨轮刚刚起锚的重要时刻，全世界都在屏住呼吸，地球村的人们都在翘首以待。全体中国人都在期望着新的崛起，在民族复兴版图中居于显要地位的北师大人则更是对建设"国内一流、世界知名大学"的美好未来充满着希冀……正是在这样的时刻，我们接受了学校的聘任。我个人认为，这既意味着我们必然拥有一份特别的光荣，更意味着我们必须接受一份最大的使命。

在上一世纪刚刚开始的时候，20世纪中国最伟大的教育家蔡元培先生说过，大学为研究高尚学问之地，非追求升官发财之阶。故一所大学的生命不在于它拥有堂皇的建筑，也不在于它曾经经历过最大的辉煌。大学的生命在于它的经久不衰、不断创新的学术活力和学术精神。而大学学术活力与学术精神的载体毫无疑问是大学教师。作为新世纪北师大教授队伍中光荣的一员，我衷心希望自己，也希望今天和我一起接受聘任的同仁们，不断修业进德、奋发图强，努力构成北师大新世纪学术精神的更新、更美的风景。

让我们一起努力，迎接挑战，不负重托，为百年校庆增光添彩，更为不断延续和光大北师大的学术精神添砖加瓦。

让我们携起手来，在北师大的光荣中成为北师大新的光荣。

谢谢大家！

2001年1月3日

## 第五辑 思 想

◆◆◇

儒家德育思想的特色与优势主要表现为三个方面,即:"学为圣贤":取法乎上的德育目标;"血脉上感移":审美取向的德育模式;"知行统一":学以致用的修养方法。

# 儒家德育思想的三大特色与优势

中国古代的儒家德育思想是世界德育思想的重要组成部分之一,也是我们继往开来、迎接新世纪诸多挑战,解决价值与教育问题时可资借鉴的一个重要宝库。如果作宏观的整理,不难发现儒家德育思想的特色与优势主要表现为三个方面,即:"学为圣贤":取法乎上的德育目标;"血脉上感移":审美取向的德育模式;"知行统一":学以致用的修养方法。

## 一、"学为圣贤":取法乎上的德育目标

"圣""贤"二字本来是指人类个体通晓天地万物的特质,但是由于中国古代文化浓厚的伦理色彩,"圣贤"一词的内涵逐渐演变为一种以道德人格为主的理想人格。中国古代儒家道德教育的睿智一方面就表现在对圣贤人格目标及其追求的论证与设计上。而儒家关于"圣贤人格"的德育目标的思想主要是从圣贤人格的优越性、圣贤人格学习的可能性、"学为圣贤"目标确认与分层等三个方面展开的。

所谓"圣贤人格的优越性"主要是说明圣贤人格是值得追求的("最好的")特质。首先,圣人是最合乎人性本质的道德人格。孟子曰:"圣人之于民,亦类也。出于其类,拔乎其萃。"(《孟子·公孙丑上》)北宋邵雍言:"人也者,物之至者也;圣也者,人之至者也。"(《皇极经世·观物篇·四十二》)明儒吕坤则称:"圣人与众人一般,只是尽得众人的道理。"(《呻吟语》卷四《圣贤》)这一逻辑既为"学为圣贤"创造可能,也对"圣人"存在的可能性作出了论证。其次,圣人之所以能够出类拔萃,成为"人之至者",乃是因为圣人与天道

的统一。孔子说要"志于道"(《论语·述而》)。荀子也说:"圣人也者,道之管也。"(《荀子·儒效》)朱熹则干脆说:"道便是无躯壳的圣人,圣人便是有躯壳的道。"(《朱子语类》卷一二零)圣道合一,既加强了圣人的权威性,也强化了"学为圣人""存天理""致良知"的必要。再次,由于圣人得道,圣人便成为人之极品,古人便赋予了圣贤以人格上的极致性乃至神秘性。孟子曰:"充实之谓美,充实而有光辉之谓大,大而化之之谓圣。"(《孟子·尽心下》)朱熹注曰:"大而能化,使其大者泯然无复可见之迹,则不思不勉,从容中道,而非人力之所能为矣。"(《孟子章句集注·尽心章句下》)王阳明也说,圣人之所以为圣,是因为"其心纯乎天理,而无人欲之杂,犹精金之所以为精,但以成色足,而无铜铅之杂也"(《传习录》卷上)。《中庸》对"圣人"的解释则为:"唯天下至圣,为能聪明睿智,足以有临也;宽裕温柔,足以有容也。发强刚毅,足以有执也;齐庄中正,足以有敬也;文理密察,足以有别也。溥博渊泉,而时出之。溥博如天,渊泉如渊。见而民莫不敬,言而民莫不信,行而民莫不说。是以声名洋溢乎中国,施及蛮貊。……凡有血气者,莫不尊亲。"正因为有了这种才德完备、富有魅力的理想人格,才有了足以吸引无数士子孜孜以求的持久动力。

儒家不仅赋予圣贤人格以得道与超凡的智慧与品德,使之具有了吸引人模仿、追求的效果,而且还充分论证了"圣人与我同类"、圣人可以学而至之的道德教育的可能性。

"曹交问曰:'人皆可以为尧、舜,有诸?'孟子曰:'然。'"(《孟子·告子下》)这番问答代表了中国两千余年的人性假定与教育逻辑。为何人人皆可以为尧舜?重要原因之一是圣贤与凡人具有同类性。《孟子·告子上》明言"圣人与我同类"。荀子也说,"涂之百姓,积善而全尽,谓之圣人"(《荀子·儒效》),所以"涂之人可以为禹"(《荀子·性恶》)。及至王阳明等人,更出"满街都是圣人"(《传习录》卷下)的惊人之语。由于儒家在将圣人神圣化的同时,又一再强调圣人与我同类的特质,所以儒家的圣贤人格就具有可以趋近的特质。儒家系统内的教育家们对此一直充满信心。

圣人可以趋近是一个问题，如何趋近则是另外一个问题。如何趋近圣人？儒家的回答是：学而至之。荀子曰："尧禹者，非生而具者也。夫起于变故，成乎修为，待尽而后备也。"（《荀子·荣辱》）朱熹说："而今紧要且看圣人是如何，常人是如何，自家因甚便不似圣人，因甚便只是常人。就此理会得透，自可超凡入圣。"（《朱子语类》卷八）

由于儒家在逻辑上既描述了圣贤人格的无比优越，强化了人们"心向往之"的冲动，又论证了圣贤人格可以学而至之的现实可能性，堵住了"虽不能之"的种种借口，所以，"学为圣贤"便成为中国两千多年古代史中一个具有特色的、一贯的文化冲动。在对"学为圣贤"的具体目标的解释上，中国儒学曾有过许多智慧的思考，主要有以下两个方面。

第一，"学为圣贤"成为道德教育的总体目标。

在中国古代，圣人的存在主要有两项功能：一是改良民性的教化功能，二是为人生鹄的的提升功能。前者重在教化，后者重在自修。而教化功能与自修功能是互为前提的，没有圣人的存在，没有了其对于人的教化，自修者将失去追求的目标、境界与傍依；而没有学者的努力自修、自我教育，则教化之功无以实现。故对于学者而言，其修身或自我教育的总体目标只能是成圣成贤。孟子说"乃所愿，则学孔子也"（《孟子·公孙丑上》）。荀子说，学者应"始乎为士，终乎为圣人"（《荀子·劝学》）。程颐说："人皆可以至圣人，而君子之学必至于圣人而后已。不至于圣人而后已者，皆自弃也。"（《河南程氏遗书》卷二十五）朱熹则指出："学者大要立志。所谓志者，不道将这些意气去盖他人，只是直截要学尧舜"（《朱子语类》卷八），"人须当以尧舜为法。如射者之于的，箭箭皆欲其中，其不中者，其技艺未精也"（《朱子语类》卷五十五）。

第二，对圣贤目标的具体分层。

有了圣贤人格作为终极目标，学问无止境，修身亦无止境。这是终极目标的优越性。但是，正如圣人如果与凡人无所联系，则凡人只能供奉不能效法一样，在"学为圣贤"的总目标下，如不对目标进行分层,跨度太大,就会使总目标抽象化、虚无化,最终失去修养与教育的效能。所以儒家从先秦直到明清,不断设计和完善了成圣成贤的分层目标体系。

一般认为,儒家设计的趋近圣贤的人格台阶或德育目标的具体层次为:士、君子、圣人。孔子最早作了这种人格层次上的划分。他对自己的学生说:"若圣与仁,则吾岂敢!"(《论语·述而》)又说:"圣人,吾不得而见之矣;得见君子者,斯可矣。"(《论语·述而》)荀子曰:"学恶乎始?恶乎终?……其义则始乎为士,终乎为圣人。"(《荀子·劝学》)又言:"彼学者,行之,曰士也;敦慕焉,君子也;知之,圣人也。上为圣人,下为士、君子"。(《荀子·儒效》)汉贾谊则言:"守道者谓之士,乐道者谓之君子。知道者谓之明,行道者谓之贤,且明且贤,此谓圣人。"(《新书·道术》)如此等等。所以,从总体上说,圣贤是理想人格的终极标准,君子是现实的最高人格标准,而"士"则为古代德育培养的一般标准。达不到圣人、君子的水平的人,不妨首先从学习为"士"这一较低目标开始。

从某种意义上说,圣贤人格及其学习与教育是无需论证的史实。作为史实,它既凝聚了中国文化的智慧,也反映了中国文化在理论及实践上的缺陷。虽然在中国古代的教育实践中,德育目标有要求过高、脱离实际等诸多缺憾,但是我们又不能不看到,儒家所认为的"能否真正成为圣贤并不重要,重要的是'学为圣贤'可以不同程度地提升道德人格",是一种充满智慧的策略。在市场经济不断将社会和教育的价值和目标朝着低俗的方向引导的今天,中国古代儒家"学为圣贤""取法乎上"的德育目标思想具有极高的借鉴价值。

## 二、"血脉上感移":审美取向的德育模式

"血脉上感移"是陆九渊的说法。陆九渊说:"吾与人言,多就血脉上感移他。"(《陆九渊集》卷三四)事实上,"血脉上感移"所表征的情感、审美的德育模式是许多儒学大家在德育思想上的共识。传统

教育中所谓"乐教""诗教"的思想实际上主要是审美取向的德育思想。从先秦到宋明，这种德育思想可以说是一以贯之的。

孔子是审美或情感德育模式的首倡者之一。这一点在典籍中可以得到如下几个方面的印证。第一，对于审美或情感因素重要性的理性认识。孔子说："兴于《诗》，立于礼，成于乐。"(《论语·泰伯》)"志于道，据于德，依于仁，游于艺。"(《论语·述而》)还说："小子！何莫学夫《诗》？《诗》可以兴，可以观，可以群，可以怨。迩之事父，远之事君……"(《论语·阳货》)第二，对于道德人格具有审美意境的描绘。《论语·雍也》中说："贤哉！回也。一箪食，一瓢饮，在陋巷。人不堪其忧，回也不改其乐。贤哉！回也。"《论语·述而》中又说："饭疏食，饮水，曲肱而枕之，乐亦在其中矣。不义而富且贵，于我如浮云。"

《论语·先进》载："(曾点)曰，'莫春者，春服既成，冠者五六人，童子六七人，浴乎沂，风乎舞雩，咏而归。'夫子喟然叹曰，'吾与点也。'"朱熹在《四书章句集注》中将"夫子与点"的原因解释为："曾点之学，盖有以见夫人欲尽处，天理流行，随处充满，无少欠阙。故其动静之际，从容如此。而其言志，则又不过即其所居之位，乐其日用之常，初无舍己为人之意。而其胸次悠然，直与天地万物上下同流。各得其所之妙，隐然自见于言外。"中国文化中的"孔颜乐处"，实际上就是一种人生、人格的审美境界。第三，对于艺术评价的德育标准的强调。《论语·八佾》中载："子谓《韶》：'尽美矣，又尽善也。'谓《武》：'尽美矣，未尽善也。'"孔子对韶乐的推崇，源于其有高于武乐的"尽善"的特征。这一论述也反映出了孔子强调艺术的德育功能的重要性。《礼记·乐记》中说："故乐行而伦清，耳目聪明，血气和平，移风易俗，天下皆宁。故曰'乐者乐也'。君子乐得其道，小人乐得其欲。""德者，性之端也；乐者，德之华也；金石丝竹，乐之器也。诗，言其志也；歌，咏其声也；舞，动其容也。三者本乎心，然后乐气从之。"这实际上就是对孔子文以载道、文道合一思想的肯定。

继孔子之后，孟子强调了教育应当有"时雨化之"(《孟子·尽心上》）的模式，应当培养"富贵不能淫，贫贱不能移，威武不能屈"（《孟子·滕文公下》）的"大丈夫"精神和"吾善养吾浩然之气"（《孟子·公孙丑上》）的思想。其后，荀子进一步发挥了"乐教"的思想："故乐也，天下之大齐也，中和之纪也，人情之所必不免也。""夫声乐之入人也深，其化人也速，故先王谨为之文。"（《荀子·乐论》）及至宋明时期，结合对于记诵之学的批判，儒学思想家们更是多方面强调了德育中审美或者情感因素的重要。二程倡言："教人未见意趣，必不乐学。欲且教之歌舞，如古《诗》三百篇，皆古人作之。如《关雎》之类，正家之始。故用之乡人，用之邦国，日使人闻之……略言教童子洒扫应对事长之节，令朝夕歌之，似当有助。"（《二程遗书》卷二上）并说："涵养著乐处，养心便到高明远。"（《二程遗书》卷六）王阳明在《训蒙大意示教读刘伯颂等》中说到道德教育的"栽培涵养之方"时说："大抵童子之情，乐嬉游而惮拘检，如草木之始萌芽，舒畅之则条达，摧挠之则衰痿。今教童子，必使其趋向鼓舞，中心喜悦，则其进自不能已。譬之时雨春风，沾被卉木，莫不萌动发越，自然日长月化。若冰霜剥落，则生意萧条，日就槁矣。"所以"宜诱之歌诗，以发其志意；导之习礼，以肃其威仪；讽之读书，以开其知觉。今人往往以歌诗习礼为不切时务，此皆末俗庸鄙之见，乌足以知古人立教之意哉！"此"歌诗—习礼—读书"三步教学法甚得"兴于《诗》，立于礼，成于乐"的精髓。

从史实的角度看，"血脉上感移"的审美或情感德育模式在历史上曾经取得了很好的教育效果。孔子成为一个"循循然善诱人"的教育家，去世后弟子以父母之丧礼之，三年、六年然后去，"弟子及鲁人往从冢而家者百有余室"（《史记·孔子世家》）。学生杨简在回忆陆九渊的教育功效时说："先生深知学者心术之微，言中其情，或至汗下。"（《象山先生行状》）可见其感人至深。因此，可以读，认为中国古代德育重视道德认知而不重视道德情感的说法有失公允。

当代社会是一个强调理性、认知的社会。科技发展仍然在强化这一价值取向。所以，近百年来，西方社会一直存在后现代批判缺乏情感关照的"现代性"的问题。在实施素质教育的今日中国,要克服道德教育上的认知主义所导致的弊端,中国古代儒家倡导的"血脉上感移"、审美取向的德育模式应当成为我们可以努力发掘的智慧财富。

## 三、"知行统一":学以致用的修养方法

对于道德修养的强调是中国古代的道德教育思想的一个显著的特点,也是其重点之一。从某种意义上说,儒家对于教的强调反而不如对于学、对于修养的强调充分。儒家的德育思想是一种道德上的"学"的思想、修养的学问。而所谓的"学",实际上是道德认知与实践的统一。

孔子曰:"性相近也,习相远也。"(《论语·阳货》)所谓"习"既是后天认知上的学习,也包含行为习惯上的养成。在孔子的德育思想中,知和行向来都是统一的。孔子一方面主张"学而知之"(《论语·季氏》),"敏而好学,不耻下问"(《论语·公冶长》),主张"学而不思则罔,思而不学则殆"(《论语·为政》),"吾尝终日不食,终夜不寝,以思,无益,不如学也"(《论语·卫灵公》);另一方面,他又特别强调"行"的重要性,指出"君子欲讷于言而敏于行"(《论语·里仁》),"言必信,行必果"(《论语·子路》),"巧言令色,鲜矣仁"(《论语·学而》)。他还特别强调:"诵《诗》三百,授之以政,不达;使于四方,不能专对;虽多,亦奚以为?"(《论语·子路》)在家庭伦理的修养上,孔子更是提出了许多具体的行为要求:"孝弟也者,其为仁之本与!""弟子入则孝,出则悌"(《论语·学而》),"父母在,不远游,游必有方"(《论语·里仁》)。

在中国传统文化中,儒家以"入世"的取向著称。因此"知行统一"、学以致用的问题一直是儒家所试图认真阐述的。这一点,在宋明儒学思想中体现得十分明显。

朱熹的理学和王阳明的心学在知行关系的论述上有明显的对立。朱熹主张"知行相须","如目无足不行,足无目不见。论先后,知为先;论轻重,行为重"(《朱子语类》卷九)。但是朱熹十分强调"行"

的层面:"学之之博,未若知之之要;知之之要,未若行之之实。"(《朱子语类》卷十三)"方其知之,而行未及之,则知尚浅。既亲历其域,则知之益明,非前日之意味。"(《性理精义》卷八)"若不用躬行,只是说得便了,则七十子之从孔子,只用两日说便尽,何用许多年随着孔子不去。"(《朱子语类》卷十三)在《小学辑说》中,朱熹更是明白地指出:"古人由小学而进于大学,其于洒扫、应对、进退之间,持守坚定,涵养纯熟,固已久矣。大学之序,特因小学已成之功。"

王阳明的观点是"知行合一""致良知"。他同样十分强调道德行为的训练。在他的教育理论和实践中曾经有"考德"之说。每日清晨即让学生将自己的言行逐一检查,对不合道德的言行"有则改之,无则加勉"。不过,相对来说,王阳明更强调的是"知"或"致良知"的方面。王阳明认为:"知行原是两个字说一个工夫。"(《答友人问》)"知是行的主意,行是知的工夫;知是行之始,行是知之成。""见好色属知,好好色属行。只见那好色时已自好了,不是见了后又立个心去好。闻恶臭属知,恶恶臭属行。只闻那恶臭时已自恶了,不是闻了后别立个心去恶。"(《传习录》上)王阳明的主张实际是一念发动处便已经是行了。故郭齐家教授说王阳明是"以知为行,知决定行,销行以为知"①。

但是,作为儒学大师,朱熹和王阳明在知行关系的统一的方面远远大于其对立的方面。在笔者看来,朱熹强调"行",并不是要否定道德认知的重要,相反,朱熹说:"学固不在乎读书,然不读书则义理无由明……若不读这一件书,便缺了这一件道理。"(《朱子语类》卷一二零)事实上,朱熹在道德教育上的贡献之一就是他的"朱子读书法"。所以,许多人认为朱熹的理论是"知先行后"说。同样,王阳明强调道德之"知"也绝非否定道德行动的重要。他说:"真知即所以为行,不行不足以谓之知。"(《传习录》中)实际上,王阳明之

---

① 郭齐家:《中国教育思想史》,教育科学出版社,1987年版,第302页。

所以要"以知为行,知决定行,销行以为知",是因为要"彻根彻底"地保证道德主体的道德行为的确当性。

明清之际,王夫之认为"知先行后"说是离行以为知,"知行合一"是销行以为知,他说:"知也者,固以行为功者也。行也者,不以知为功者也。行焉,可以得知之效也,知焉,未可得行之效也。"故"行可兼知,而知不可兼行""知非先,行非后,行有余力而求知"(《尚书引义·说命中二》)。王夫之主张"知行并进"说,比朱熹、王阳明更为辩证地表达了道德认知与实践的统一关系。在笔者看来,"知行相须""知行合一"和"知行并进"诸多学说的共性远大于差异性,它们对于道德知行统一关系的强调也都是耐人寻味的。

"道德"是认知,更是实践。中西方道德教育在理论和实践上一直存在着在道德认知和道德实践上左右摇摆的情形。中国古代儒家对于"知行统一"、学以致用的修养方法方面的探索是我们进一步探索如何辩证地看待知、行关系,实施完整和有效的道德教育等问题的重要思想根基。

中国古代儒家德育思想的整理是中国德育学术界应当认真思考的重要课题。从目前的现状来看,其主要缺陷在于:第一,对"德"或"伦理思想"的研究较多,对"育"或"教育思想"的成分发掘不够;第二,对德育思想的一般性分析较多,对德育思想的具体优势或特色的梳理不够[①]。本文只是试图进行一些补缺的工作,希望能够抛砖引玉,促进相关理论和实践的进展。

(本文曾以"论儒家思想的三大特色与优势"为题,发表于《教育研究》2002年第8期。)

---

① 可以以目前已经出现的几本中国德育思想的专史为证:李春秋、江万秀主编《中国德育思想史》(湖南教育出版社,1992),于钦波编著《中国德育思想史》(吉林教育出版社,1993),张锡生主编《中国德育思想史》(江苏教育出版社,1993),高谦民主编《中国小学思想品德教学史》(山东教育出版社,1995)等著作均更多地近似于早已存在的"中国伦理思想史"的相关著作。

# 鲁洁教授的超越论教育哲学

鲁洁教授是当代中国不可多得的教育学家之一。她的不可多得，不仅在于她具有创造性的学术思想和一以贯之的学术人格，更为难得的是，年逾甲子之后的她，不仅学术思维一直高度活跃至今，而且还不断有厚积薄发、引领学术潮流的作品问世。20世纪90年代是鲁洁教授的学术高产期，也是她最重要的教育思想发轫、建构的关键阶段。鲁洁教授最重要的教育思想——超越论教育哲学就是她在这一时期的珍贵贡献。

作为她的学生，本人一直关注她的研究，但是一直无暇做比较系统的研究。2009年7月到12月，我应鸣门教育大学之邀赴日讲学半年，其间随身携带了鲁洁教授的论文集《超越与创新》。通读了文集[①]之后，我对鲁洁教授的教育超越论思想有了比较明晰的认识。本文希望就其"超越"思想的发展轨迹、主要内涵和重要意义等问题做一初步研究的尝试。

## 一、超越论教育思想的发展轨迹

### 1. 德育功能的探讨与德育的超越性命题的提出

一般认为，20世纪90年代中期至20世纪末，鲁洁教授将学术目光投向了教育理论更为核心的问题——教育的本质问题，教育与人的

---

[①] 本文中"文集"除另作说明者，均指鲁洁所著《超越与创新》（人民教育出版社2001年版）一书。文中引文除另作说明者，均出自此书。

关系问题，创造性地提出了教育的本质在超越的观点。但是，仔细阅读《超越与创新》一书，我们不难发现，超越论教育哲学思想实际上发轫于20世纪90年代的初期而非中期。

20世纪90年代初，鲁洁教授的研究集中在对德育功能的系统研究上。文集中共收录了她在1990—1995年间的18篇论文，其中直接研究德育功能的论文就占有8篇之多，其他10篇其实也多与德育功能研究有内在的、直接的关联。除了对于德育功能有十分系统和颇具创造性的研究之外，正是在有关德育功能的具体研究中，鲁洁教授开始关注德育、教育的本质属性——超越性。

早在《文化变迁与教育》（《教育研究》，1990）一文中，鲁洁教授就明确指出："文化变迁是一种永恒的文化、社会现象，文化只能在不断变迁中获得发展和进步，这是一个不以人的意志为转移的客观过程。""文化的本质是创造的。""主体的文化创造、创新能力的培养与提高正是教育所特具的功能。"尽管当时对于主体创造性的培育是在"能动性"的思维框架下表述的，但是，以上论述证明鲁洁教授已经开始关注到了文化及教育的超越性。

此后，在对德育的文化功能、经济功能、政治功能、认知功能、自然性功能、个体享用性功能的研究中，鲁洁教授都是一方面关注教育对于现实世界（包括人本身）的适应功能，另一方面又将注意力越来越多地投向了对德育超越性功能的阐释。其中最重要的一个维度就是有关德育享用性功能的研究。在《试论德育之个体享用性功能》（《教育研究》，1994）一文中，鲁洁教授已经明确指出："道德教育不仅要使人感受到掌握与遵循某种道德规范对自身来说是一种约束、一种限制、一种牺牲、一种奉献，而且应当使他们从内心体验到，从中可以得到愉快、幸福与满足，得到自我的充分发展与自由，得到唯独人才能有的一种最高享受。"而在一年之后，鲁洁教授再次在《教育研究》上发表《再议德育之享用功能》一文，文中更明确地指出："德育的享用功能不是任何人任意赋予它的，而是德育过程之逻辑必然，它植根于德育的本质之中。""道德教育促使人的道德发展和完善,这一过程对受教育者来说,是一种精神的解放,自由与自主意志的弘扬,他们理应从中得到自我超越的快乐。"除了以上两篇文章,鲁洁教授还在《中国教育学刊》上发表了《道德教育:一种超越》(1994)一文,直接、全面地阐释了"道德教育的超越的本质",并进一步指出:"教育是指向未来的。从这个意义上说,教育的任何部分都具有超越现实的本性。"至此,德育与教育的超越性命题均已明确提出。

以历史的眼光看,超越论思想的提出,首先是鲁洁教授对于德育、教育如何应对时代挑战,以及在中国社会和教育历经种种反复甚或劫难后,如何准确理解社会与教育、个人发展与教育的关系等教育基本问题的思索直接关联的。因此,不难理解,超越论的提出从德育功能论的研究中发端具有历史的内在逻辑。

### 2. 建基于实践唯物主义的超越论

从德育功能的研究过渡到德育超越本质的论证之后,在90年代的后五年,鲁洁教授的研究更集中于对全部教育的超越本质的论述。文集中这一时期收录的11篇论文中,直接涉及论述教育之超越本质的就有6篇,而若论论述的篇幅,则超过全部论述的三分之二。

与90年代前五年不同,这一时期鲁洁教授的相关论述有两个特点:第一是从德育功能的视角转移到对整个教育本质的思考,第二是开始从实践唯物主义方法论上着力夯实超越论的理论基础。前一特质无需太多证明,只要看看这一时期论文的标题多是"教育"而较少"德育"就可窥豹。因此,这里主要尝试描述鲁洁教授有关教育超越本质立论的方法论建构。

方法论的论述一方面是理论的基础,另一方面也与服务回应外界的质疑有关。超越论提出后,立即引起了中国理论界的关注和讨论。当时十分活跃的北京师范大学的博士沙龙就曾经对教育的超越性课题进行过专题讨论①,《教育研究》杂志也曾以专题的形式报道过一批年轻学者对这一问题的研讨②。而从鲁洁教授的论述来看,她在超越论教育哲学建构之初,就已经进行过激烈、缜密的自我诘问。这可能也是她花费较多的精力去从事方法论研究的重要原因。

超越论最初是针对"物质主义:时代的顽症"而从德育本质的维度提出来的,但是鲁洁教授始终是一个真诚的马克思主义学者,她的超越论的思想基础是她本人反复表述的"实践唯物主义"。鲁洁教授的这一思维特质最早可以在她的《道德教育:一种超越》一文中得到印证。在这篇论文中,鲁洁教授就是从"传统社会发展模式的变更"推演"传统教育发展模式的转换",进而提出"道德教育:在超越中提升"的命题,认为"超越物质主义"的主张并非主观臆断,而是社会实践的必然要求。这一论述线索显然遵循了实践唯物主义的逻辑。

在《教育的一种社会哲学思考》(1998)一文中,鲁洁教授明确提出"按照马克思主义的社会哲学观点,教育可以定性为人类的一种社会实践","教育在新的时代的特征,就是它成为一种独立的实践活动","新时代的教育是一种从异化的教育——为物与关系所控制的教育,复归于人自身的教育。这种教育的全部目的在于使人自身得到发展,所谓人自身的发展,其实质是人的主体性的发展","教育作为一种有目的的实践活动,它的内在就包含了超越性。因为一切实践活动的本质就是超越"。在这篇文章的结束部分,鲁洁教授明确提出了"要实现我国的教育哲学观从适应论到超越论的根本转变"的任务。

此后,鲁洁教授在《教育:人之自我建构的实践活动》(《教育研究》,1998)中更加明确地纠正了错误的实践观,系统地论证了改造

---

① 可参考:《关于当代道德教育问题的讨论》,《教育研究》1996年第7期。
② 可参考:《当代道德教育理论研讨会综述》,《教育研究》1996年第3期;《关于德育超越性本质的讨论(笔谈)》,《教育研究》1996年第3期。

客观世界的实践之外的、长期被人忽视的"改造主观世界的实践"这一重要命题。同年在《华东师范大学学报》发表的《实然与应然两重性：教育学的一种人性假设》中，鲁洁教授更是自觉地用新的实践范畴去解释了实然与应然的矛盾统一："马克思所提供的认识和研究人的方法论最为科学和最为完整地揭示了人的'实然'和'应然'并存的两个方面……马克思主义认为人的本质就是人的实践性。这种实践性规定了他的实然和应然的两重性。"从这一实践唯物主义的解释出发，鲁洁教授建构了自己的双重人性结构理论，并得出了"教育的本质属性在于引导完备人性的建构与发展"，"使他成为真正的人"的结论。在《培养有理想的人——世纪之交对德育的一点思考》（《教育研究与实验》，1999）中，鲁洁教授指出："按照实然与应然的双重人性结构，激发人对理想生存之追求，形成合乎人性的理想，是教育不可推卸的重要职责。""创造性实践是人的本质属性，创造是人的生存方式。"在《走向世界历史的人——论人的转型与教育》（《教育研究》，1999）中，她更进一步，从人的实践方式的历史演变的角度，论述了当代世界人的"从单子式的人走向世界历史性的人"的重要转型趋势，呼吁"要以世界性、世纪性的眼光，着力培养一代能够走进世界历史并推动世界历史发展的主体，通过他们的主体性实践去获取人的完全解放！"

由于基于实践唯物主义的方法论，鲁洁教授的超越论教育哲学才具有比较完备的理论基础。我们可以认为：从20世纪90年代初应对时代挑战性质的即时反应，到90年代中后期自觉建立自己的方法论及系统论述，是鲁洁教授超越论教育哲学走向成熟的重要标志。

## 二、超越论教育思想的主要内涵

新中国的教育，尤其是德育，在取得一定成就的同时也遭遇了很多挫折。其中一个重要的主观原因就在于思想上的机械唯物主义。这种庸俗和机械的唯物论以"教育要适应××需要"的伪命题将德育和教育完全简单地看成政治或经济活动的附属物。鲁洁教授敏锐地意识到德育之超越性功能研究和德育之超越性本质揭示的重要意义,从而十年如一日建构自己的超越论。从超越论的发生、发展以及主要论述中都可以看到,超越论教育哲学的主要内涵大致可以概括为德育的超越性和教育的超越性两大命题。

### 1. 德育的超越性本质

从德育的超越性论述的发展历史看,鲁洁教授最初是基于中国教育在当代发展的命运去思考德育与社会发展的辩证关系(具体表现在对德育功能的全面论述),并在这一过程中逐步展开思考,而后则逐步将超越论建立在对弥漫全球的物质主义社会现实的深刻批判的基础之上的。因此,在德育意义上的所谓超越性的内涵可以概括为两个方面。

第一,道德、德育本身具有超越性。鲁洁教授指出:"道德,作为人类的一种精神活动,它是对可能世界的一种把握。道德所反映的不是实是而是应是。""道德的这一特性也必然规定了道德教育的超越的本质。道德教育的要旨不在于使受教育者了解现实生活中人们的行为是怎样的,而在于使他们掌握:人们的行为可能是怎样的?应该是怎样的?道德的理想是什么?人何以接近这一理想?道德教育如果离开了这一要旨,它就不能成其为道德教育。它只可能成为某种社会学、经济学等等学科的教学与传授。""道德建设、道德教育是精神文明建设的重要内容,无疑它们要为物质文明建设——为经济发展、科技发展等等服务。但对于这种服务我们决不可把它看作一种简单的服从、消极的顺应,而应该把它理解为一种超越,也就是要使它形成一种人的自主力量,用以掌握和操纵经济和物质的发展。"而德育的享用功能等"不是任何人任意赋予它的,而是德育过程之逻辑必然,它植根于德育的本质之中"。由此可知:德育在本质上具有超越性,是德育超越论的基本结论和具体超越性论述的前提。

第二,当代道德、德育更应具有超越性。鲁洁教授认识到道德、德育不仅具有超越性,而且在当代世界,这一超越性的弘扬具有特别突出的历史必然性和迫切的现实性:"在社会与教育的反思中道德教育开始复兴。这也是当代物质主义走向极端后所呈现的一种历史逻辑。"与人类长期处于物质匮乏阶段,道德教育的主要任务是节制、协调不同,"当代的道德教育却是在物质日益丰富,精神越趋失落,物质主义泛滥中,被人们重新发现,并显现其价值的。为此,它必然具有超越物质主义的时代特征。"鲁洁教授一方面希望"道德教育培养、塑造人的德的、善的思想品质,它晓以生活的意义,终极的目标,使人得以从物质主义的误区中解脱出来";另一方面希望新时代的道德及其教育"随着人类进化、物质丰富、精神的提升,对于道德的需要逐渐从以生命价值、物质利益价值为主升华为以精神价值为主",以满足当代社会"从自尊、自强、利他、爱国,一直到对人生终极的关怀等等的追求"。换言之,鲁洁教授认为,当代德育应该更多地关注关照、满足人的超越性需要。

### 2. 教育的超越性与价值性

如果超越性只是德育的本质,则这一教育之局部特质将有可能是十分孤立和脆弱的。因此,全部教育都具有超越本质的论述,不仅是理论的全面拓展,也将使得德育的超越论具有更强大的逻辑前提。鲁洁教授几乎是在德育之超越性命题提出的同时就关注到了教育的超越性本质。这一点可以从《道德教育:一种超越》一文中的有关表述中得到印证:"教育是指向未来的。从这个意义上说,教育的任何部分都具有超越现实的本性。但是,道德教育之超越具有其独特的意义。"那么鲁洁教授有关教育的超越性的论述的主要内涵是什么?依据文集不难看出,鲁洁教授的论述要点可以归纳为以下两个方面。

第一,教育作为一种独立的人类实践活动,其本质上具有超越性、价值性。鲁洁教授从"人的本质就在于人的实践性","实践的本性就是对一切给定性、自在性的扬弃与否定","人的本质既在其现存中，又在其超越现存中"等实践论、人性论出发，认为教育不仅要实现"对人的自然属性的超越"，而且应该实现"对人的现实规定性的超越"；要"确认教育对象是能动的、主体性的存在"，"教育的本质属性在于引导完备人性的建构与发展"等。而"失去了一半的人性假设，导致失掉了另一半的教育。而这种失掉了另一半的教育，培养的与其说是失掉了一半人，不如说尚不是真正意义上自由自觉活动的人"。实际上可以这样说，那种没有应然的、没有价值属性的"失去了一半的教育"已经不能称之为健全或者正常的教育。

第二，教育应该培养"有理想的人"、能够"走进世界历史的人"。鲁洁教授认为，"理想的建构是人独具的生存方式，它同样也是人性的一种标志"，"在这个时代发生了人的生存模式与生存理念从预成论向生成论的转变"。所以，"按照实然与应然的双重人性结构，激发人对理想生存之追求，形成合乎人性的理想，是教育不可推卸的重要职责，也是教育学研究的永恒主题"。同时，基于对当代社会人类的生产实践、交往格局和生存危机等社会现实和发展趋势的观察、分析，鲁洁教授认为："单子式的个人正在逐步丧失其历史存在的历史根据，作为个体的人正向世界历史性的存在，也即是走向类的存在、类主体的发展阶段。"因此，"将世界历史性个人的生长发展作为其归旨，努力促进当代人的革命，人的转型"应该是当代教育的主题。为此，教育要努力促进"思维方式的转变"，让学生不仅在人与物的关系中，而且在人与人的全面开放的思维关系中获得对世界的认识，并且"在人的价值导向上就是要引导个体使之具有共在性的价值取向和人格特征"，成为新时代的"世界公民"。

以上关于超越论德育、教育哲学内涵的描述都是依据"抽象—具体"的分类标准而展开的。这一分类的好处是比较明晰地看到超越论的一般命题和具体建言，但也可能会带来削足适履的主观独断。不过可以肯定的是，作为一种文献研究，本文的所有论述都是建立在鲁洁教授的实际论述的相关材料的基础之上的，希望本文是朝向还原、理解鲁洁教授真实思想的重要一步。

## 三、超越论教育思想的重要意义与相关质疑

### 1. 重要意义

鲁洁教授对于德育、教育超越性的论述所针对的不仅是中国和世界教育实践中迫切需要解决的现实问题,而且是传统教育学思维的诸多方法论误区。因此,超越论教育哲学在教育实践和教育理论建设上都有特别重要的价值。

(1) 对于教育实践的意义。

超越论教育哲学的旨归在于"使人得以从物质主义的误区中解脱出来"。这一实践关怀贯穿于鲁洁教授20世纪90年代的全部研究。90年代初,鲁洁教授针对市场经济的僭越,提出"学校德育的功能之一就是要防止市场原则完全代替人的教育";90年代中期,鲁洁教授全面论述了超越论所针对的就是科技至上、经济至上、消费至上等物质主义"时代顽症";而在20世纪末,鲁洁教授之所以提出教育要培养"有理想的人""走进世界历史的人",主要针对的就是复制"没有心灵的享乐人"和"疏远了与社会的联系以及与他人分享"的"我向主义"①的社会与教育的现实。因此可以这样说:倡导超越,原因在于当下教育过于"现实",而"一代人英气的磨灭,将会形成我们民族在人格上的普遍缺陷"。

作为一个实践唯物主义者,鲁洁教授始终对教育抱有真诚、自觉、深切的实践关怀。教育超越论实际上就是对于当代中国与世界教育实践深切关注、关怀的思想作品。鲁洁教授对社会和教育发展中的诸多问题,不仅有着十分敏锐的观察和分析,而且对问题的解决充满理想主义的豪情与实事求是、科学理性的态度。超越论的许多分析和建言对于未来中国,乃至世界德育和教育的健康发展都具有十分重要

---

① [美] 贝尔:《后工业社会的来临》,商务印书馆1984年版,第531页。

的现实意义。

（2）对于教育学科的意义。

在建构自己的实践论方法论的过程中，鲁洁教授已经意识到，"以往的教育学由于不是以实践为基础去考察教育考察人的发展，没有把人的发展看作是教育过程中主客体相互作用的结果，往往把发展看成是一种内在结构的自律的变化，把它的规律等同于自然的规律"，其结果是"陷入了旧唯物主义的窠臼。教育的生物学化与教育的心理学化其不足之处都在于此"。同时，由于"以往教育学视界中的'实践'多以人与物（主体—客体）关系为思考框架，其中的人——主体是一种单子式的个体，与个体主体相异的'他者'则往往被列为被支配的客体，这种以物为对象的'实践'思维框架难于找到突破单子式个体的事实和逻辑出发点"，所以才难以在教学论、德育论等理论解释上获得真正的突破。应该说，鲁洁教授的观察是正中时弊的。事实上，当下的教学、德育的学科思维也正在向一个与单子思维相反的方向发展。

由上可知，鲁洁教授不仅关注教育本质命题本身的论述，而且努力建构支撑这一本质论述的方法论。由于她的这一思维品质，她的许多论述本身已经涉及了教育学的元研究。这种元研究对于当下的教育学科发展无疑具有重要的理论意义和现实价值。

## 2. 相关问题的讨论

超越论作为一种具有鲜明时代特征的教育哲学具有理论上的现实性与创造性，是一种有中国特色和气魄的教育学理论。当然，任何一种理论都可能有这样或者那样的局限和问题。

曾经有人公开质疑过德育的享用性功能，也有人直接质疑过教育的超越性。虽然有些质疑源自质疑者本身没有认真、全面地理解鲁洁教授有关论点的背景和实际内涵，属于"对话的语境还未形成"[①]的

---

① 吴亚林：《漫议与鲁洁教授对话》，《教育研究与实验》，1995 年第 4 期。

伪质疑，但是超越论教育哲学本身也的确有可能需要进一步探索的空间。比如，超越论虽然提出了教育，尤其是德育应该具有超越性的主张，但是除了在德育目标、教育目标上应有具体体现之外，在课程建设、教学设计、制度改造、教师培育等诸多教育环节中，这一主张应该如何落实？这尚需进一步具体的回答。又比如，鲁洁教授的方法论命题——"教育是人类的一种独立的实践形式"固然十分正确，但是其将教育看作是改造主观世界的第二种"实践"的前提论述一定要、一定能从经典马克思主义的论述中得出结论吗？与其勉强地寻找经典的马克思论述，也许不如直接从补充或超越马克思等人有关论述之不足开始……

鲁洁教授已经年届八十，但是她仍然有一颗赤子之心和极其年轻、锐利的思维。我们衷心希望在今后的岁月里，鲁洁先生不仅能够不断丰富她的超越论教育哲学，而且能够一如既往地不断在教育学的前沿引领中国教育学的理论研究走向更新、更高的境界！

（本文曾以"超越论教育哲学及其建构——20 世纪 90 年代鲁洁教授教育思想的特质"为题，发表于《教育学报》2010 年第 1 期。）

# 小原国芳的富育思想及其现实意义

小原国芳（1887—1977）是日本现当代享誉世界的著名教育家。其全人教育论、自由教育论等教育主张，以及在这一理论基础上确立的道德教育思想，不仅对当时的日本及世界教育产生了重要影响，而且对今天中国教育也有十分重要的启迪。特别是由于小原国芳"富的教育"（富育）思想产生的历史背景与当前中国社会的发展状况十分相似，这一思想对于正在逐步走向现代化、全面建成小康社会的中国大陆极具现实意义。

小原国芳在《教育的根本问题——宗教》（1918）、《母亲教育学》（1923）、《全人教育论》（1972）等著作中较为集中地阐释了自己的富育思想，而在《思想问题与教育》（1918）、《教育立国论》（1946）等著作的有关论述中也涉及了富育的问题。本文以人民教育出版社1993年出版的《小原国芳教育论著选》（上下卷，由其民、刘剑乔、吴光威译）[①]为文本，对小原国芳集中和分散论述的富育思想予以整理、分析，希望更多教育工作者能够从中汲取珍贵的精神营养。

小原国芳的富育思想主要包括以下三个组成部分。

## 一、为什么要有"富的教育"

为什么要开展富育？从小原国芳的有关论述看，理由主要有三个。

---

① 文中引文除另作说明者均出自此书。

### 1. 全人教育与"富的教育"

"富的教育"是小原国芳"全人教育"思想的重要组成部分之一,或者说,富育理论的思想基础是小原国芳的"全人"价值论。

小原国芳认为:"人类文化有六个方面,即学问、道德、艺术、宗教、身体、生活等。学问的理想是真,道德的理想是善,艺术的理想是美,宗教的理想是圣,身体的理想是健,生活的理想是富。教育的理想就是创造真、善、美、圣、健、富这六种价值。"而"真、善、美、圣四种价值称为绝对价值,健、富的价值称为手段价值"。"教育的内容必须包含人类的全部文化,因此教育必须是绝对的'全人教育'。所说的全人教育,是指完全人格亦即和谐人格而言。人在文化上欠缺了多少,作为人就残缺了多少。"很显然,绝对价值是手段价值的指引;但没有手段价值,绝对价值也无法实现。在小原国芳的价值论系统中,"富的教育"一方面是全人人格教育的组成部分,另一方面又是实现绝对价值、完成统一人格的重要途径之一。因此,小原国芳明确指出:"为了生活而需要面包。为了使精神有效地增强,就需要许多手段。""轻视富的价值,则精神文明不能成立;没有精神文明的发展,也就不能指望物质文明的进步。"

### 2. 人格培育与"富的教育"

在小原国芳看来,人应该有高贵的人格,而人格的培育离不开"富的教育"。因为"对富的本身来说,富是没有意义的。但被人掌握了的富,就会产生出价值来。我们应该做主宰富的主人,而不能为富所役使"。

由于"生活的理想是富",因此"富的教育"有时又被小原国芳称之为"生活教育"。在小原国芳看来,"生活教育"或者"富的教育"包括的范围非常广泛,除了产业、经济、交通等方面的教育,甚至还包括政治、军事、外交等教育内容。但是"富育"的核心乃是:"不是为富而富之富,而是为了支撑尊贵的四个绝对价值(真、善、美、圣）并使之发挥和弘扬之富。"小原国芳还在《教育的根本问题——宗教》《母亲教育学》等著作中多次引述李普斯教授的名言——"所谓富，要尽可能在使用上合乎人格和道德才行"，并认为这是一个"彻底的说法"。因此，我们可以认为，小原国芳对于"富的教育"重要性的肯定，表现之一是强调"富育"是完成高贵人格的重要途径之一。

### 3. 社会乱象与"富的教育"

"富育思想"产生的一个重要基础是日本的社会实际以及小原国芳对于日本社会病态的敏锐观察和分析。

小原国芳曾痛心疾首地描述过早年日本经济发展过程中出现过的许多"耻辱"现象——"在关门海峡停泊的从外国回来的货轮，所载货物的三分之二据说是日本货。这是从上海、香港、新加坡、孟买、马赛等港，经海关检验与样品不符而被退回的不合格产品。'日本制造'这个标签，在世界市场上成了劣等商品的标签。第一次欧洲战争时期，各国还来了许多订单。然而罐头里头掺石子；铅笔中心是空的，两端灌入少量的铅芯；鞋子的鞋底里夹纸板；以次充好牟取暴利的财阀也有。真正是日本的耻辱，国贼的行为。"在对照富裕的英国人却将最好的威士忌卖给傲慢的美利坚之后，小原国芳批评道："贫穷的日本人，过分崇拜舶来品。或者外出推销人员为了抢先立功，不惜破坏价格协定，争先出手自己的货物，在世界上信用扫地，无义至极。"在日本经济实现腾飞之后，小原国芳则指出："现在尽管日本也被称为世界第二位的经济大国，但精神方面却没有相应地成长起来，被人嘲笑为'经济动物'！""日本教育上的可怕缺点，就是为富而富，为赚钱而办教育，以及陷入物欲奴隶的惨状。被世界侮为'经济动物'。"

因此，"富的教育"思想一方面缘于小原国芳的价值论体系、全人格教育的理论逻辑，另一方面则是基于他对当时日本社会病态的敏锐观察。或者说，小原国芳认为，正是诸多社会与教育的乱象确证了"富的教育"的迫切与重要。

## 二、"富的教育"应该包括哪些主要内容

在小原国芳看来，狭义的"富育"概念是指谋生的教育，又称"经济教育""职业教育"；而广义的"富育"，则包括产业、经济、交通、政治、军事、外交等方面的实务教育，又称为"生活教育"。但无论广义还是狭义，"富育"概念的本质是通过教育让富的生活"合乎人格和道德""支撑尊贵的四个绝对价值（真、善、美、圣）并使之发挥和弘扬"，即确立正确的财富观和相应的人生观。具体说来，富育的主要内涵包括教育学生正确看待、使用、创造财富三个方面。

### 1. 如何看待财富的教育

健康财富观的确立首先必须有对于财富的正确认识。虽然"为了生活而需要面包。为了使精神有效地增强，就需要许多手段"，但是"富的价值归根结底还是手段价值"。因此，小原国芳十分欣赏"明治维新三杰"之一——西乡南洲的家训"不为儿孙置良田"，又多次引述基督的教导——"不要为自己积攒财宝在地上……只要积攒财宝在天上"，"施比受更为有福"，并且认为，"如果人类普遍有这样的心怀，世界会变成多么美好的天国"。正确的财富观是一个人持有财富的主观条件，反之，"不能持有富的败类们，如果持有超额金钱，将会污染国家和社会"。

总而言之，"富是人不能超越道德和人格拥有和使用的东西"。基于这一财富观，小原国芳希望父母留给孩子的"是教育而不是财产，是本领而不是金钱"。因为"留下了财产，同时也会留下依赖心、懒惰习惯和薄弱意志，以为对孩子好，其实有害，反而使他们依赖父母遗产，变成软弱无能之辈"。而"在日本的学校中，只教给赚钱、攒钱，而不授予富的消费方法、富的真正含义"是令人遗憾的。

### 2. 如何使用财富的教育

小原国芳郑重申明:"我比任何人都承认富的力量,不,我要求有尽可能大的富以使人进行旺盛的精神活动。"因为"对富的本身来说,富是没有意义的。但被人掌握了的富,就会产生出价值来"。但"正因为很多人拥有超越自己力量的财富,所以社会及其本人都受其害。使用不当便会破坏社会公德,积蓄起来不用又会导致经济停滞。两者都不可取"。

因此富的教育最重要的任务之一就是教育学生正确地使用财富:"应该教育孩子正确地使用财富。这比创造财富还重要。……为了吃饭,为了生存,就要想办法创造财富……但如何正确地、不违背道德地使用遗产,教育起来却是个难事。但愿有产阶级的孩子能正当地使用其遗产,有钱的人能正当使用其一切财富。""我们每一个人都是银行经理。如何使用财富固然是个人自由,但我希望大家做这样的总经理:遵照自己良知的最高命令,把财富献给社会,为了世界,为了图书馆、公民馆的发展,为了充实学校的力量,为了前程似锦、寄托于未来的孩子们的教育,为了家贫的优秀生,为了学术研究,为了条件恶劣的医院,为了建设真正的学校……"

### 3. 如何创造财富的教育

小原国芳是一位既强调教育的神圣性,又重视教育的实践性的教育家。因此,在"富的教育"思想中,一个重要维度是强调"创造财富的教育"。

小原国芳十分赞赏瑞士人的美德,号召日本人"向瑞士学习":"瑞士山连山,可就不出铁、金、石油。平原地少,所产做面包原料用的小麦只够三个月吃的。然而,瑞士人民在长期生活中培养了勤劳、努力、节俭、钻研、创造的美德。他们花钱从国外购进少量原料,用智慧和技术能够获得百倍、千倍、万倍的收入。那就是世界首屈一指的精密仪器、钟表、纺织品、药品和交通工具。"这与他对日本社会存在的为富不仁、唯利是图的赚钱之道的批判，形成鲜明对比。小原国芳发自内心的期望是："愿神来支配产业，愿算盘打得干干净净，砸烂奸商的劣根性，祝算盘与圣经并存，经济与宗教并存。"如果撇开浓厚的宗教情结，其强调财富的创造或者财富的取得也必须"合乎人格和道德"的原则是完全正确的。

正确地创造财富，就需要培育正确的职业观。小原国芳主张严肃对待职业与劳作："'不劳动者不得食'，这是人生的第一真谛。"所谓职业，就是为社会发挥出自己的本领，就是自我价值的实现之道。"人生的目的必须同时是其职业的目的。……想真正地生活下去，想真正地对文明做出贡献，把人生目的作为自己的职业，是一种幸福，而国家应该期望出现大批这样的人。""富的教育"的重要内容之一就是要使受教育者明了"职业的意义"："人生观的极致如果和职业一致，无论如何会使当事者本人、社会、国家乃至世界都为之净化，为之铭感，为之明朗。"从事职业教育的教师应该特别注意"把实业的神化、产业的净化作为职业学科教育的眼珠看待"，而非"几乎大部分都是训练技巧、牟利、取巧、贪婪"。

## 三、如何开展"富的教育"

小原国芳不仅是一个教育思想家，更是一个伟大的教育实践者。因此关于"富的教育"如何开展，他也有审慎的思考和较为具体的建议。可以将其有关如何开展"富育"的意见概括为以下三个方面。

### 1. 富育的精神建构

之所以要从精神建构的高度理解"富育"的开展，首先是由于儿童成长的实际使然。小原国芳指出："生在富人家的孩子性格上有胸怀博大的特点。这是让人羡慕的优点，是穷人家孩子所不及的。相反，生在穷人家的孩子往往具有小气的性格，但这也给他们带来了不畏困难的强大的奋斗力量。矫正穷人不幸的性格如乖僻、小肚鸡肠、忧郁、小气等需要下很大功夫。同时，锻炼富人孩子的奋斗努力精神亦非朝夕之易事。"虽然小原国芳的上述论断主要基于经验观察，结论也略显武断，但是家庭富裕程度不同对儿童性格的诸多影响，也的确可以证明只有从精神建构上开展"富育"才可能行之有效的道理。

此外，对富育实践来说精神建构之所以重要，还在于小原国芳的价值论体系。在小原国芳的价值论体系中，"圣"的价值是最高的，它不仅是一个重要的、独立的价值维度，还是其他绝对价值（真、善、美）及手段价值（健、富）的指引和最高境界。为了造就"无保留地服从全人格的命令"的"全人人格"，小原国芳特别强调："富的根本是哲学"，日本经济将来不是掌握在商业学校、东京大学经济系，而是应该掌握在哲学家手中。因此，他对东京商业专科学校、东北大学等工科学校邀请哲学家为学生授课的做法大加赞赏。可以这样说，从宗教、哲学的高度去看待富育实践，是小原国芳富育思想的重要特色之一。

### 2. 富育的美学思路

在阐述自己的富育思想时，小原国芳常常讲述美德故事，号召人们学习先进。因此可以认为，小原国芳的富育思路具有美学的气质。小原国芳曾经在《教育的根本问题——宗教》《母亲的教育学》等著作中多次详细、生动地叙述洛克菲勒捐款的故事——东京大地震后，美国富豪兼慈善家洛克菲勒决定捐款400万美元给东京大学图书馆。洛克菲勒不仅为了避开繁文缛节的耽搁和政府机关的层层克扣而直接将捐款以个人名义汇给了东大校长，还考虑到日本人有新年赠送礼物的习俗，特意算好时间将汇款赶在1月1日寄达东大。可惜的是，漫不经心的办事员一直将汇款单耽搁到1月7日才送达。东大后来派专人赴纽约表示感谢，却没有见到洛克菲勒。好不容易送去了礼品，得到的回答却是慈善家的一句感叹：我的好意白费了！小原国芳反复讲述这一故事，就是希望日本人能够感受、学习洛克菲勒的"美好心灵"，并且"希望世界上的富翁都有这样一颗美好的心"。

之所以在美育和富育之间建立联系，除了全人教育理念之外，还因为小原国芳对美育与德育的关系有着十分深刻的认识："羡慕美的心，就是厌恶丑的心；喜欢善的心，就是讨厌恶的心……拒绝恶的心，就是对善的渴望。行动美好、语言文明、服装整洁、情趣高雅、思想纯洁、举止端正，如果对这一切道德美的感受很敏锐的话，那将对下流的动作、丑恶的语言、俗气的服装、不纯的思想、放纵的举止、低劣的趣味会厌恶到无法忍受的地步。"因此真正的美育或艺术教育"就是进行真正人的教育"。"郊游、旅行，这决不是单单为了体育锻炼和增长地理知识。我们计划山林教学、滨海教学以及海洋生活也都是为了塑造儿童性格这一目的。"

### 3. 富育的劳作策略

小原国芳认为："教育的根本在于劳作教育。'劳'是额头流汗、动手实干，是万人所喜所夸、视之为义务；'作'不是'作业'的作，而是'创作'的作。两者相合名之曰劳作。"真正的德育更是离不开劳作活动，"应该活动的要活动。除了冒酷暑流热汗全力以赴地劳作体验外，没有其他成功的道路"。要"自己种植、操作、下功夫、缝纫、洗染、张挂、修缮、清洗、扫除……只有如此，才能达成真正的美育"。同理，"多种多样的劳作教育必然涵蕴着生动的经济教育（即富的教育），也能成为职业教育"。

小原国芳十分重视劳作对于富育的意义。"百见不如一干"。在《母亲的教育学》第八章专章论述"富的教育"时，小原国芳特别强调了"劳作教育与体验教育的必要性"。为此小原国芳还特别讲述了这样一个故事："我有一次与日本造林大王、奈良县的苍龙次郎同车从京都到东京。从御殿场能看到箱根那边的秃山。我说：'真浪费啊！'他说：'先生您这可就外行了，植树光工钱可就大发了。'我说：'不过可以委托给附近的学校，让孩子们干。这样可以进行难得的劳作教育，一举两得呀。'对方大吃一惊，非常感激地说：'您这个外行可教给我一个伟大的道理。'"由此可见，在小原国芳看来，劳作不仅能够培育全人格，而且是开展"富的教育"的最好途径之一。

综上所述，小原国芳对富育的必要性、主要内容、实现之道的论述十分系统、完整。小原国芳在其全人教育思想体系之下建构的富育概念，在很大程度上丰富了世界教育思想。其有关"富的教育"思想十分明确、完整，许多教育建议都不乏睿智的光芒，对所有正在发展市场经济的社会均有重要的启发作用。对于当代中国来说，富育思想的借鉴意义尤为突出。小原国芳所指出的20世纪初日本社会存在的某些为富不仁的"国耻"行为，以及"经济动物"的可恶表现正在中国的土地上大行其道。毒奶粉、地沟油、二奶、小三、富二代等丑恶现象层出不穷，"宁愿在宝马车里哭，也不愿在自行车后面笑"已经成为一些年轻人公开宣示的病态人生哲学。因此，教育年轻一代确立正确的财富观，正确看待、使用和创造财富是今日中国社会与教育的当务之急。小原国芳的富育思想明显领先于中国教育界的探索数十年甚至一个世纪。突出的表征就是，虽然财富观引发的问题已经十分严重，但截至目前，中国大陆专门、系统地研究"富的教育"的成果几近阙如。毫无疑问，借鉴小原国芳富育思想是我们解决与当时日本同类的社会和教育问题的捷径之一。

当然，小原国芳的富育思想也有其明显的局限性。具体表现在：其有关"富育"的诸多论述过多地与宗教论述联系在一起，虽然有赋予"富育"概念以灵魂及神圣性的积极意义，但很显然，在日益世俗化的当代世界，小原国芳的一些论述已经显得不合时宜。此外，虽然小原国芳对"富育"概念做出了较为全面、系统的阐释，但是对富育思想内涵的深入挖掘、对富育实践途径与方式的具体讨论均明显不够。这些局限都有待于小原国芳的学习者在吸收其合理成分的基础上予以克服。

（本文曾以"'富的教育'及其实现——小原国芳的富育思想及其现实意义"为题，发表于《比较教育研究》2014年第3期。）

# 诺丁斯与她的关怀教育理论

关怀理论是当代德育理论中的重要流派之一，该理论最重要的代表人物当属美国当代著名的教育哲学家、德育学家内尔·诺丁斯（Nel Noddings）。

在诺丁斯之前，以强调道德教育中情感因素为主要特征的教育理论，还有英国教育学家麦克菲尔（Peter Mcphail）在20世纪六七十年代提出的"体谅模式"。麦克菲尔认为，与其他人友好相处、爱与被爱是人的基本需要，因此，帮助人们实现这一需要就是教育的首要职责。道德教育应当以"体谅"（consideration）为核心来组织，应当帮助学生摆脱恐惧和怀疑，以培养学生给予爱和接受爱的能力为核心目标。道德教育不仅要传授道德规则，更要培养态度、塑造行为，并提高解决问题的能力。接着，他通过对青少年的三次大规模调查证实了自己的假设，并以此为基础设计了《起跑线》（Start Line）、《生命线》（Life Line）等系列教材。这些教材由贴近学生生活的情景构成，能够激发学生的兴趣，同时在教学上也非常灵活，可以和其他学科穿插融合，曾经在实践中受到广大师生的欢迎。

但是，麦克菲尔的"体谅模式"更多的是从实践的角度来考虑德育问题：他的理论假设就直接来自实证调查，最后的落脚点则是建构一套具体可行的德育模式。因此，"体谅模式"不论是在理念上还是在方法上都带有很浓的经验性，缺少系统牢固的理论基础，这也是人们对他批评最多的地方。

和麦克菲尔相似，诺丁斯也认为单纯的道德原则并不足以产生道德动机。她曾经特别援引一些调查资料，证明人们的道德行为大多是出于同情和关怀，是一种直觉的反应。因此，她特别强调道德教育首先应注重道德情感的培育。但是，与麦克菲尔不同，诺丁斯首先是一位教育哲学家，她的实践建议及理论建构均有缜密的哲学思考和坚实的理论基础。

与麦克菲尔相似，诺丁斯也认为，每个人在人生的各个时期都需要得到人们的理解、接纳、尊重和认同，因此，关怀他人和被他人关怀都是人的基本需要。但是特别重要的是，诺丁斯认为，关怀不仅可以是一种"美德"，更是一种"关系"，而且没有关系就没有实质上的关怀。关怀的维持和巩固既需要关怀方对关怀对象的需要作出反应，也需要关怀对象认可和接受对方的关怀行为。这样关怀双方在关怀关系中就是平等、互惠的。正是因为道德生活源于"爱"和人与人之间的"联系"，我们的教育才应当不断建立、维持和增强这一关怀关系。

受多元智力理论的影响，诺丁斯主张人的智力是多种多样的，除了语言智能和数理智能以外，运动、人际、空间、音乐以及自我知觉等都应算作人的智能。不仅人的智能是多元的，而且每个人的天赋、需要和兴趣也是各不相同的。当代学校教育出于"民主""平等"的考虑，为每个儿童提供所谓一视同仁的"博雅教育"（liberal education）[①]。但现实中的博雅教育往往过分强调知识的学习，特别是语言能力和数学能力的培养，从而忽略了学生内心的感受、需要和幸福，忽略了学生能力的多样性和个体差异。因此很多学生反映教师和学校对自己漠不关心[②]。这不但使学校的教学效果大受影响，而且使学校不能有效地对学生进行引导。从这个意义上说，诺丁斯的关怀理论也建立在对当代学校教育进行严肃批判

---

① 博雅教育（liberal education）的目的不是培养学生从事特定职业的能力，而是要发展人的一般能力。通常包括语言、文学、精细艺术、数学、科学以及历史等学科的教育。

② 参见 Nel Noddings, *The Challenge to Care in Schools*（Teachers College Press, 1992）第一页中所提到的 1989 年美国的一项研究，该研究表明只有 1/3 的学生认为他们的老师关心自己，只有 7% 的学生说自己有问题能够去咨询老师。

的基础之上。

真正的教育到底应该如何组织？诺丁斯提议用一场"思想试验"来建构自己的教育模式：假设我们要抚养一个大家庭，家庭里的每个孩子都各不相同。这时候父母或教师都不能单方面决定教给孩子什么，而必须和所有人（包括孩子）"对话"，通过充分有效的交流和沟通来决定对孩子的教育。诺丁斯认为学校教育的目标也应当是多元的，不能仅仅局限于学术能力的提高。既然关怀是人的普遍需要，因此我们可以以关怀为核心来组织整个教育。而关怀本身就包括很多不同的领域，如对自我的关怀、对亲密的人的关怀，对有联系的人以及远方陌生人的关怀，对非人类的动植物的关怀，对人造的工具和物品的关怀，以及对思想的关怀等。围绕不同的关怀中心会涉及不同的态度、知识和能力，教育可以沿此逻辑展开。诺丁斯强调，不同的关怀领域需要的态度、知识和能力是不同的。关怀身边的亲人和朋友并不意味着愿意帮助素不相识的人。有的罪犯会精心培育花草，但对自己的同胞却可能麻木不仁。正是由于关怀的认识、态度和能力在不同的关怀领域之间不一定具有迁移性，我们有必要学习各个不同的关怀领域。

正因为如此，诺丁斯才以关怀为核心，根据不同的关怀领域及其涉及的主题、知识、态度和技能等设计了一套不同于现行教育的课程体系，并且提出了对榜样、对话、实践、认可等十分具体的德育方法的建议。

与关怀教育理论相关的是，诺丁斯近年来十分关注孩子的学习生活质量，倡导教育要为孩子当下与未来的幸福服务；她同时也关注全球范围内的竞争与合作议题，积极倡导"和平教育"的开展。这两个重要思想集中体现在她的《教育与幸福》及《和平教育》两部著作之中。

2011年底，耄耋老人诺丁斯曾经专门来到北京师范大学公民与道德教育研究中心，开展了她唯一的一次中国内地学术之旅。《人民教育》也曾经刊发专稿《子诺子言》报道她在北京的事迹。两年之后，

《人民教育》决定刊发诺丁斯教授的演讲稿《关怀伦理与中小学教育》，这是对远在大洋彼岸的教育家表达的最好敬意。作为诺丁斯的友人与粉丝，我很高兴有机会向读者补充介绍我所了解的一些背景性信息，以方便读者更好地阅读和理解诺丁斯。

（本文发表于《人民教育》2014年第2期。）